Dr. Angela Fetzner

Ich könnte platzen vor Wut

Wie wir Frieden schließen mit einem starken Gefühl

Achiel Verlag

Dr. Angela Fetzner

Ich könnte platzen vor Wut

Wie wir Frieden schließen mit einem starken Gefühl

Bibliografische Information der Deutschen Nationalbibliothek
Die Deutsche Nationalbibliothek verzeichnet diese Publikation in der Deutschen Nationalbibliografie; detaillierte bibliographische Daten sind im Internet über http://dnb.dnb.de abrufbar.

1. Auflage 2024
Druck: Libri Plureos GmbH, Friedensallee 273, 22763 Hamburg

Herausgeber:

Achiel Verlag

Gartenstr. 10 - 56462 Höhn

Covergestaltung: ZERO Werbeagentur, München unter Verwendung von Motiven von shutterstock.com

Cover-Foto: © DepositTim82 depositphotos.com ID: 544710982

ISBN 9783986680602

Inhaltsverzeichnis

Prolog

Manchmal genügt schon ein falsches Wort, eine abfällige Geste - und schon kocht die Wut in uns hoch. Gerade in diesen Zeiten ist die Wut bei sehr vielen Menschen präsent. Druck am Arbeitsplatz, Ärger in der Familie, politische und wirtschaftliche Konflikte und Ungerechtigkeit lassen uns nicht kalt, der Stress- und Wutpegel steigt kontinuierlich.

Haben Sie oft eine so starke Wut im Bauch, dass Sie ***„platzen"*** könnten? ***„Kochen"*** oder ***„schäumen"*** Sie häufig vor Wut? Neigen Sie zu unkontrollierten Wutausbrüchen? Reicht oft schon ein kleiner Auslöser, dass Sie ausrasten? Kennen Sie das Gefühl, wenn die Wut langsam in Ihnen hochsteigt, Ihre Hände zu zittern beginnen und Sie sich in Ihrer Wut selbst nicht mehr erkennen?

Wie kann es überhaupt so weit kommen, dass wir so wütend werden, dass wir regelrecht in Rage verfallen? Wut tritt immer dann auf, wenn unsere Grenzen verletzt werden, wenn wir uns persönlich angegriffen fühlen, unsere Ziele blockiert oder unsere Bedürfnisse übergangen werden oder uns Unrecht angetan wird. Auch Situationen, in denen wir uns bedrängt fühlen und keine Möglichkeit haben, zu entkommen, bieten ein großes Potenzial für Wutausbrüche.

Erinnern Sie sich an die letzte Begebenheit, bei der Sie wütend waren? Es kann eine Kleinigkeit gewesen sein, über die Sie sich aufgeregt haben oder es ging um einen Zustand, der schon seit Längerem in Ihrem Leben existiert und der sich einfach nicht verändern will, so sehr Sie es sich auch wünschen.

Wut ist eines der stärksten Gefühle, zu denen der Mensch fähig ist. Ein Wutausbruch ist für die meisten Menschen die letzte Möglichkeit, der Welt ein ***Nein*** entgegenzusetzen. Wut hat ihre Wurzeln in der Hilflosigkeit, weil sich der Mensch physisch oder mental in eine Ecke gedrängt fühlt und das Empfinden hat, sich nur noch mit Wut aus dieser Situation befreien zu können.

Wut an sich ist nicht ***„schlecht"***. Wir müssen sie nur als ein Signal verstehen, auf das wir reagieren sollten. Zuerst ist es nur ein wenig Ärger, mit dem wir uns im Alltag quälen. Staut sich dieser auf, weil wir uns nicht um unsere negativen Gedanken und Umstände kümmern, potenziert sich die Kraft und die Unzufriedenheit wächst, bis alles eskaliert.

Wut ist sichtbare Form von Energie, eine spürbare Kraft, die zunächst aus ***„negativen"*** Gedanken entsteht. Im Moment der Wut ist unsere Welt nicht so, wie sei sein soll. Die Kinder machen nicht das, was wir ihnen vorgeben. Der Partner verhält sich nicht so, wie wir es uns wünschen und bisweilen reicht es für einen Wutausbruch aus, wenn wir den Schlüssel nicht auf Anhieb finden. Wir haben eine bestimmte Vorstellung, doch die Dinge geschehen nicht nach unserem Willen. Damit ist Wut vorprogrammiert.

Doch was ist Wut in diesem Moment? Was wir als Wut bezeichnen, ist eine heftige Gefühlsregung. Als Menschen sind wir in der Lage, Freude zu empfinden und auszudrücken, aber auch Traurigkeit und Wut.

Während Freude und Glück den Körper wie eine sanfte Brise durchströmen und das Gefühl von Freiheit hervorrufen, richtet sich Wut auf eine Person, ein Objekt oder eine Situation.

Treffen wir in unserem Leben auf ein Hindernis, wollen wir dieses beseitigen. Genauso verhält es sich mit der Wut – alles, was diese Wut hervorruft, soll ausgeschaltet werden.

Wut liefert andererseits eine enorme Energie, durch die man sehr produktiv werden kann. Nicht umsonst wird bspw. empfohlen, Wut bspw. durch Holzhacken ***„rauszulassen"***. In diesem Fall formt sich die Emotion im menschlichen Körper zu einer Art Energie, die ungeahnte Muskelkraft freisetzt.

In diesem Ratgeber werden alle Aspekte der Wut genau beleuchtet. Ziel ist es, Ihnen einen guten Umgang mit Ihrer Wut zu ermöglichen.

Anhand von Erläuterungen, Übungen, Meditationen, Techniken und zahlreicher Tipps wird Ihnen aufgezeigt, wie Sie konstruktiv und gewinnbringend mit Ihrer Wut umgehen können.

Darüber hinaus wird erklärt, was die Ursachen der Wut sind, welche unerfüllten Bedürfnisse dahinterstecken und warum manche Menschen mehr zu Wut neigen als andere.

Es wird aufgezeigt, warum Wut evolutionsbiologisch durchaus Sinn macht, es wird intensiv der Frage nachgegangen, ob Wut eine gute oder schlechte Gefühlsäußerung ist und warum unterdrückte Wut krank machen kann.

Gehen wir also auf eine Reise in unser Inneres, um unsere Wut zu begreifen, sie zu verstehen und Frieden mit ihr zu schließen.

Meine allerbesten Wünsche begleiten Sie.

Ihre Apothekerin Dr. Angela Fetzner

Inhalt (Auswahl)

- Wie entsteht Wut – Emotionen als Fenster in die Vergangenheit
- Welche Rolle spielt unser Gehirn bei der Entstehung der Wut
- Was macht mich wütend – Den Triggern auf die Spur kommen
- Erleben Sie Ihre Gefühle bewusst
- Umgang mit Wut
- Warum unterdrückte Wut krank macht
- Passiv-aggressive Wut
- Die Wut herauslassen und dem Ärger Luft machen?
- Guter Umgang mit der Wut
- Abstand gewinnen
- Die Wut wegatmen
- Entspannungstechniken
- Meditationen, Achtsamkeitsübungen
- Welche Gefühle stecken hinter der Wut
- Wut als Kraftquelle
- Wut und ihr schlechter Ruf
- Good vibes only?
- Wohin mit meiner Wut
- Wut im Kindesalter
- u. v. m.

Wut – Eines der stärksten Gefühle

Wut ist eines der stärksten Gefühle, zu denen der Mensch fähig ist. Schon Säuglinge sind in der Lage, ihren Unmut mit enormer Lautstärke auszudrücken und vor Wut rot anzulaufen, wenn sie nicht bekommen, was sie wollen oder brauchen.

Wut an sich ist nicht ***„schlecht“***. Wir müssen sie nur als ein Signal verstehen, auf das wir entsprechend reagieren sollten. Zunächst ist es nur ein wenig Ärger, mit dem wir uns im Alltag quälen. Staut sich dieser Ärger auf, weil wir uns nicht um unsere negativen Gedanken und Umstände kümmern, potenziert sich die Kraft, und die Unzufriedenheit wächst, bis alles eskaliert. Auch Situationen, in denen wir uns bedrängt fühlen und keine Möglichkeit haben, zu entkommen, bieten ein großes Potenzial für Wutausbrüche.

Ein Wutausbruch ist für die meisten Menschen die letzte Möglichkeit, der Welt ein ***Nein*** entgegenzusetzen. Wut hat ihre Wurzeln oft in Hilflosigkeit, weil sich der Mensch physisch oder mental in eine Ecke gedrängt fühlt und das Empfinden hat, sich nur noch mit Rage aus dieser Situation befreien zu können. Dieses Verhalten ist wie ein Automatismus. Er kann das Schlimmste im Menschen zum Vorschein bringen und ihn in ein Wesen verwandeln, das sich selbst nicht mehr erkennt. Aus solch einem Wutanfall heraus sagen wir oft Dinge, die so sehr verletzen, dass eine Beziehung nicht mehr zu heilen ist.

Manchmal übernimmt die Wut aber auch eine positive Rolle. Im Kleinkindalter ist es beispielsweise notwendig, die Trotz- und Ablehnungsphase zu durchleben. Nur so ist es einem Kind später möglich, sich von anderen Menschen abzugrenzen. Natürlich sollten wir im Erwachsenenalter in der Lage sein, unsere Bedürfnisse in einer friedlichen Art und Weise auszusprechen und für deren Erfüllung zu sorgen. Leider fehlt uns meist die entsprechende Schulung im Umgang mit unseren Gefühlen.

Im Elternhaus und auch in der Schule wird uns nicht beigebracht, wie Gefühle entstehen, was sie auslösen und wie wir konstruktiv mit ihnen umgehen können. Dabei ist dieses Wissen grundlegend für unser Leben, denn nichts ist uns tagtäglich näher als unsere Gefühle.

Gehen wir also auf eine Reise in unser Inneres, um unsere Wut zu begreifen, sie zu verstehen und Frieden mit ihr zu schließen.

Wie Wut entsteht

Erinnern Sie sich an die letzte Begebenheit, bei der Sie wütend waren? Es kann eine Kleinigkeit gewesen sein, über die Sie sich aufgeregt haben oder es ging um einen Zustand, der schon seit längerer Zeit in Ihrem Leben existiert und der sich einfach nicht verändern will, so sehr Sie es sich auch wünschen.

Ob unterschwellige Frustration oder offener Wutausbruch - dem Gefühl von Wut liegen konkrete Gedanken zugrunde.

Um das zu verstehen, müssen wir kurz anreißen, in welchem Zusammenhang Gedanken, Gefühle und Handlungen stehen. Sie werden infolgedessen verstehen, dass Sie die Wut selbst erzeugen und niemand außer Ihnen für dieses Gefühl verantwortlich ist. Es geht dabei nicht um Schuld, sondern um Eigenverantwortung. Sie können nämlich nur das verändern, was Sie selbst in der Hand haben.

Vom Gefühl zur Handlung

Kommen Sie auf die Welt, sind Sie noch ein komplett unbeschriebenes Blatt. In Ihrem Gehirn formen sich noch keine Gedanken, Sie geben den Objekten noch keine Namen und erfassen diese auch nicht getrennt voneinander. Was Ihre Gefühle betrifft, sind die ersten sieben Lebensjahre von entscheidender Bedeutung.

Jeder Mensch lebt aufgrund seiner Entwicklung in einer eigenen Welt. Diese wird zum großen Teil von den Eltern und Bezugspersonen durch deren Verhalten und individuelle Ansichten auf das Kind übertragen. Das geschieht ganz automatisch, indem das Kind die Erwachsenen beobachtet und anschließend deren Verhalten und Aussagen als richtig übernimmt.

Schon in dieser Zeit werden die Weichen auch für späteres Wutverhalten gestellt. Das Verhalten der Eltern in Konfliktsituationen prägt das Kind, es auf die gleiche Weise zu tun. Was Eltern und Bezugspersonen sagen, gilt als korrekt, weil Kinder noch nicht in der Lage sind, zu reflektieren. Das würde einen Vergleich voraussetzen, der erst möglich ist, wenn genügend Verhaltensweisen und Ansichten im Gehirn gespeichert sind.

Wenn Ihre Eltern beim Autofahren regelmäßig fluchten und sich über andere Verkehrsteilnehmer aufregten, haben Sie ***„gelernt“***, dass es in Ordnung ist, sich auf diese Weise zu verhalten. Ihnen wurde nichts anderes vorgelebt, daher haben Sie es übernommen. Erst im Erwachsenenalter bekommen Sie die Möglichkeit, sich davon zu lösen, indem Sie sich fragen, ob Sie in einer konkreten Situation wütend werden wollen.

Sie haben die Kontrolle über dieses Gefühl, wenn Sie am Ursprung des Geschehens ansetzen.

Der Ursprung jeder Handlung

Jede Handlung beginnt mit einem Gedanken. Dieser steht in Verbindung mit einem passenden Gefühl und verdichtet sich anschließend zu einer physischen Handlung.
Das Verständnis dafür versetzt uns in die Lage, unser Verhalten in die gewünschten Bahnen zu lenken.
Jeder Mensch kommt mit nahezu unbegrenztem Potenzial zur Welt. Durch unsere Bezugspersonen wird dieses in der Kindheit ***„beschnitten“*** und begrenzt. Hatten die Eltern Schulprobleme, wird auch der Nachwuchs mit größter Wahrscheinlichkeit Schwierigkeiten in der Schule haben, die aus folgenden Gedankengängen resultieren können:

- Schule ist schwer.
- Es ist nicht leicht, gute Zensuren zu bekommen.
- Die Lehrer sind ungerecht.
- Andere werden immer bevorzugt.
- Der Lehrer kann mich nicht leiden.
- Ich habe keine Lust auf die Schule.

Die Einstellung und Erfahrungen der Bezugspersonen prägen die Denkmuster und Empfindungen des Kindes. Das geschieht auch auf der nonverbalen Ebene, weil jeder Gedanke unseren Körper als eine bestimmte Ausstrahlung verlässt. Sie kennen das, wenn Sie beispielsweise einen Raum betreten, in dem eine aggressive Anspannung herrscht. Hier sind Menschen zusammengekommen, die negative Gedanken in ihren Köpfen wälzen und aufgrund dessen die entsprechende Ausstrahlung haben. Wir müssen mit einem Kind also nicht einmal in aggressiver Weise sprechen, allein die Energie unserer inneren Wut reicht aus, um die kindliche Lebensenergie in gleicher Weise zu färben.

Als Kinder sind wir nicht in der Lage, diese Übertragung der Gedanken und Gefühle abzulehnen. Wir sind wie ein Schwamm, der alles aufsaugen muss, was sich ihm bietet. Nach ungefähr sieben Jahren ist dieser Prozess abgeschlossen und unsere ***„Festplatte"*** ist gefüllt. Das weitere Leben verbringen wir in einer Welt, die durch die Ansichten Erwachsener definiert und gleichzeitig begrenzt wurde.

Schule ist schwer - © Depositphotos.com - Sharomka

Negative Konditionierungen lassen sich ändern

Wir geraten täglich in Schwierigkeiten. Da ist ein Vortrag, den wir nicht halten wollen. Wir haben nicht genügend Geld. Die Gesundheit lässt zu wünschen übrig und die Beziehung läuft auch nicht so, wie wir es uns erträumt hatten. Auch wenn es schwer zu akzeptieren ist, unsere Welt ist persönlicher Natur und entsteht in jedem Moment erneut aus unseren übernommenen Ansichten und Überzeugungen.

Es ist völlig natürlich, jeden Tag an seine Grenzen zu stoßen, denn das ist menschliche Entwicklung. Wir kommen nicht als fertige Erwachsene auf die Welt, sondern durchlaufen einen Prozess der physischen und geistigen Entwicklung. Jeden Tag sind wir aufgerufen, ein wenig mehr von unserem mitgebrachten Potenzial auszudrücken, um unser Menschsein auf immer höherer Ebene zu leben. Problematisch sind hierbei die Konditionierungen, denen wir in unserer Kindheit ausgesetzt waren. Denn sie verhindern den Zugriff auf unsere Möglichkeiten. Wuchsen Sie beispielsweise bei übervorsichtigen und ängstlichen Eltern auf, werden auch Sie im Alltag mit vielen Ängsten zu kämpfen haben. Wurden Sie ausschließlich aufgrund guter schulischer Ergebnisse belohnt, definieren Sie sich wahrscheinlich über Leistung und sind nur dann mit sich zufrieden, wenn jemand Sie für eine gut gemachte Arbeit lobt. Irgendwann kommen Sie an den Punkt, an dem diese Konditionierungen überwunden werden müssen. Diese sind Grenzen, mit denen Sie in Konflikt geraten, weil Sie Fähigkeiten brauchen, die außerhalb dieser Grenze liegen. Und an dieser Stelle kommt die Wut ins Spiel. Warum ist das so? - ***Weil Wut ein Indikator dafür ist, dass Sie an Ihre psychischen Grenzen gestoßen sind***.

Sie haben gelernt, zu denken, dass Sie etwas nicht können oder nicht haben dürfen. Ihr Verstand begründet diese Sätze auf sehr realistische Weise, weil er von Ihren bisherigen Erfahrungen ausgeht. Wo diese fehlen, werden die Erfahrungen der Gesamtheit aller Menschen bemüht, um Ihnen deutlich zu machen, dass Sie bestimmte Dinge im Leben nie erreichen werden. Gleichzeitig fordert das Leben von Ihnen Verhaltensweisen und Handlungen, die Sie Ihrem Empfinden nach nicht leben können.

Wut als Zeichen einer Grenzerfahrung

Wenn Sie eine Sache in Angriff nehmen und scheitern, sind Sie ärgerlich. Probieren Sie es erneut und verzeichnen Sie kein besseres Ergebnis, nimmt die Intensität des Ärgers zu. Sind Sie durch äußere Umstände gezwungen, Erfolg bei der Unternehmung zu haben und lässt dieser auf sich warten, wird Wut aufkommen und sich entladen.

Wir können also sagen, dass Wut immer dann entsteht, wenn man nicht bekommt oder erreicht, was man will und möchte. Wer sich an dieser Stelle nicht in eine depressive Stimmung zurückzieht, kann aus seiner Wut lernen, denn diese meldet sich nicht ohne Grund.

Zur besseren Vorstellung lassen Sie uns ein konkretes Beispiel nehmen. Eine zwischenmenschliche Beziehung bietet unendliche Möglichkeiten an Konfliktpotenzial. In den meisten Fällen geht es um Erwartungen an den Partner, die nicht erfüllt werden. In vielen Fällen sind Frauen unzufrieden, wenn sie neben Job und Kindererziehung auch den Haushalt allein bewältigen sollen, während der Partner gleichzeitig einem geliebten Hobby nachgeht oder die Zeit vor dem Fernseher verbringt.

In dieser Situation fällt ganz schnell ein böses Wort, das zu Schuldzuweisungen wird und dafür sorgt, dass sich beide Partner letztlich voller Wut anschreien. Jeder der beiden macht die Erfahrung, in seinem Verhalten kritisiert zu werden. Ein Partner fühlt sich überfordert und erwartet Unterstützung. Der andere Partner fühlt sich in seinem Verhalten kritisiert und wehrt sich dagegen. Beide bekommen nicht, was sie sich wünschen und schlagen bildlich gesprochen um sich, in der Hoffnung, dass der Partner den eigenen Wünschen und Erwartungen endlich entspricht. - Was in den meisten Fällen nicht der Fall sein wird.

Wenn sich das Gewünschte außerhalb unserer Reichweite befindet

Wenn wir nicht bekommen oder erreichen, was wir uns wünschen, ist ein konkreter Gedanke im Spiel. Wir brauchen eine bestimmte Summe Geld. Wir haben eine genaue Vorstellung von unserem Partner. Die Kinder sollen gute Leistungen in der Schule bringen und von anderen Menschen wollen wir immer liebevoll und korrekt behandelt werden.

Die Wahrheit sieht anders aus. Was wir uns instinktiv wünschen, steht meist im Gegensatz zu unseren übernommenen Gedankenmustern.

Wir wünschen uns eine liebevolle Partnerschaft und brauchen diese auch für das seelische Wohlbefinden, aufgrund unserer inneren Programmierungen bekommen wir aber etwas völlig anderes. Die inneren Bilder von Glück, Überfluss, Freude und Harmonie sind jedoch Bestandteil unseres ursprünglichen Wesens und lassen uns in jedem Moment spüren, was möglich wäre. Dem steht die sogenannte Realität gegenüber, die nichts weiter als das Produkt der übernommenen Ansichten ist, die sich zu physischen Situationen und Umständen entwickelt haben.

Auf den Punkt gebracht

Sie werden immer genau die Lebensumstände haben, die den Gedanken in Ihrem Kopf entsprechen. Machen Sie einen Versuch und beobachten Sie einmal eine Stunde lang Ihr Denken. Sie werden überrascht sein, was alles passiert, was Sie üblicherweise nicht bewusst wahrnehmen. Weil Ihre Aufmerksamkeit normalerweise durch die Augen, die Ohren sowie über den Tastsinn ausschließlich in Richtung Umwelt geht, bemerken Sie nicht, was Sie denken, was sich in Ihrer Gedankenwelt abspielt. Die Gedanken sind jedoch der Ursprung und Ausgangspunkt Ihrer physischen Erfahrungen. Schließen Sie also aufgrund Ihrer äußeren Situation auf Ihr Gedankenleben und ziehen Sie in Betracht, dort Veränderungen vorzunehmen. Dann kann und wird sich Ihr Leben verändern.

Jede Wut weist also darauf hin, dass Sie nach einem Verhaltensmuster oder einer Lösung suchen, die Ihnen anscheinend nicht zur Verfügung steht. Sie wissen, wie Sie zum Kühlschrank kommen, um sich etwas Essbares zu holen. Sie wissen auch, wie Sie Geld an einem Bankautomaten abheben müssen. Sie wissen jedoch nicht, wie Sie zusätzlich zu einem Angestelltengehalt zu mehr Geld kommen können. Sie wissen auch nicht, wie Sie sich von einer als unheilbar bezeichneten Krankheit erholen. Sie haben es anscheinend auch nicht in der Hand, einen Partner dazu zu bringen, dass dieser aus eigenem Antrieb im Haushalt mithilft oder mehr und echtes Interesse an Ihrer Person zeigt.

Problem und Lösung zugleich

An dieser Stelle sind wir bei der Hilflosigkeit angekommen. Nichts erscheint schlimmer als eine Situation, in der wir wissen, wie diese sein sollte, sie es aber nicht ist. Wenn sich kein Weg zeigt, diese Veränderung herbeizuführen, steigert sich die anfängliche Hilflosigkeit langsam, aber sicher in eine Wut, welche die bisherige Situation ablehnt und eine Veränderung erzwingen will.

Je existenzieller das Problem ist, desto mehr Energie ist daran beteiligt. Geht es bspw. um finanzielle Schwierigkeiten, können die Emotionen schnell überkochen. Aber auch wenn sich das Ego und damit die eigenen Überzeugungen getroffen fühlen, regt sich rasch enormer Widerstand. Jeder Angriff, also auch eine andere Meinung bezüglich der eigenen Ansichten, versetzt uns in eine Abwehrhaltung, weil wir die Gesamtheit unserer Überzeugungen als ***„Ich"*** gleichsetzen. Wird dem an einer Stelle widersprochen, rüttelt jemand an unserem Ich-Empfinden, was sofortigen Protest auslöst.

Das Gute an dieser Situation ist, dass wir wachsen könnten, wenn wir verstehen würden, was in und mit uns passiert. Das Leben bringt uns jeden Tag in Situationen, in denen wir die Möglichkeiten und Fähigkeiten ausschöpfen, die in der Kindheit bestätigt und positiv angesprochen wurden. Es kommt aber der Tag, da brauchen wir mehr aus diesem unerschöpflichen Reservoir. Wurden wir positiv geprägt, wird uns eine schwierige und belastende Situation so lange ärgern, bis wir aufstehen und auf einer Veränderung bestehen. Obwohl ein scheinbarer Mangel in unserem Leben existiert, geht es lediglich um die Ausweitung des eigenen Gedankenkreises.

Wir sprechen immer von Mut, den wir brauchen, um über uns hinauszuwachsen. Das geht jedoch nur, wenn wir auch den Mut aufbringen, größere und weitgehendere Gedanken zu denken.

Insofern ist die Aussage, dass wir etwas nur wirklich wollen müssen, um es zu erreichen, richtig. ***Wollen*** setzt allerdings einen ***Gedanken*** voraus, der den Erfolg in der entsprechenden Situation beschreibt. Ohne diesen hilft jedes Wollen nicht.

Nun aber zurück zur Wut. Wenn wir jetzt wissen, dass wir uns jeden Tag neu definieren müssen, entwickeln wir ein völlig neues Bild von uns. Angenommen, Ihnen wurde in der Kindheit abgesprochen, eine glückliche Partnerschaft zu leben, weil sich die Bilder einer gescheiterten Ehe der Eltern eingegraben haben, dann ist es Zeit zum Umdenken. Sie haben vielleicht immer wieder Anlauf genommen, um die Beziehung zu leben, die Sie intuitiv spüren. Doch es hat nie geklappt, weil die alten Erfahrungen stärker verinnerlicht sind als die mögliche Wunschbeziehung.

Paar im Streit - beziehungsunfähig durch Kindheitsprägung?

Erwachsen werden

An dieser Stelle kann die Wut ein Katalysator sein, der Sie vorwärtsbringt. Den Wunsch nach einer intakten Partnerschaft können Sie nicht einfach verdrängen und trotzdem glücklich sein. Der Ärger darüber, dass es noch nicht geklappt hat, sollte vielmehr dazu inspirieren, den nächsten Anlauf mit völlig neuem Hintergrundwissen zu starten. Wenn Sie in den Spiegel sehen, können Sie entweder verzweifelt darüber sein, weil Sie nicht haben, was Sie brauchen oder was Ihnen dem Gefühl nach zusteht. Alternativ werden Sie richtig wütend, und zwar über die Konditionierungen, die Sie bisher von Ihrem Glück abgehalten haben.

Zu wissen, dass Ihnen die Möglichkeit zur Veränderung zusteht und dass diese immer noch existiert, nennt man ***Erwachsenwerden***. Was im Kindesalter spontan ausgedrückt wurde, sollte im Erwachsenenalter korrekt verstanden werden. Dann ist Wut nur noch ein Hinweis darauf, dass wir etwas in Anspruch nehmen müssen, was uns als Gedanke abgesprochen wurde.

Statt unserem Gegenüber die Wut in Form von Handgreiflichkeiten zukommen zu lassen oder ihm verbale Ausrutscher um die Ohren zu hauen, muss die Entwicklung dahin gehen, Verantwortung für dieses Gefühl zu übernehmen. Als Kinder dürfen wir Emotionen spontan ausleben, weil es gar nicht anders möglich ist.

Die Entwicklung sollte im späteren Leben aber dahin gehen, gerade die kraftvollen Gefühle in ihren Anfängen zu erkennen und zuzuordnen, was diese uns sagen wollen. Es geht nie darum, Wut tatsächlich auszuleben. Denn durch das reine Ausleben der Wut tritt keine Veränderung ein, zusätzlich sorgen die versprühten Energien dafür, dass sich der unerwünschte Zustand verfestigt. Während Liebe, Fürsorge, Respekt und Harmonie gelebt werden wollen, sind Hass, Wut und auch Hoffnungslosigkeit Gefühle, die uns darauf aufmerksam machen, dass wir uns erweitern müssen, um handlungsfähig zu bleiben.

Tiere hören auf ihren Instinkt und folgen diesem ohne Diskussion. Dagegen ist der Mensch in der Lage, zu wählen. Dies sorgt dafür, dass wir alles in ***möglich*** und ***unmöglich*** einteilen. Obwohl wir mit allen Möglichkeiten geboren werden, entsteht für jeden von uns eine andere Welt. Bei jedem Kind werden bestimmte Fähigkeiten und Möglichkeiten außer Reichweite konditioniert, bis wir uns diese im Erwachsenenalter zurückerobern. Aus diesem Blickwinkel betrachtet, hat Wut ihren Sinn, denn sie ist ein Signal dafür, dass wir begreifen, dass es Zeit für Veränderungen ist.

Ganz am Anfang - Wut in der Trotzphase

Irgendwann zwischen dem dritten und fünften Lebensjahr erwischt es jedes Kind. Ohne Vorwarnung wirft es sich auf den Boden, kreischt, schlägt um sich und beißt unter Umständen, wenn es nicht bekommt, was es will. Die sogenannte Trotzphase hat begonnen.

Trotz bedeutet allerdings, dass sich jemand gegen den Willen eines anderen Menschen stellt, in diesem Fall gegen den der Eltern. Oft wird das Trotzverhalten eines Kindes nicht beachtet, weil das entsprechende Wissen dazu fehlt. Um im späteren Leben etwas ablehnen zu können, muss man im Kindesalter jedoch gelernt haben, ***nein*** sagen zu dürfen. - Und zwar ohne Maßregelungen und negative Konsequenzen. Dies ist freilich ein Drahtseilakt für Eltern und gerade in der heutigen Zeit sehr schwer praktikabel.

Jedoch stehen uns als Erwachsene nur die Fähigkeiten und Denkmuster, die in der Kindheit positiv bestätigt und gelebt werden durften, zur Verfügung. Alle anderen Fähigkeiten müssen wir uns erst wieder zurückerobern, denn sie sind praktisch mit einem ***Verbot*** belegt. Das Wort ***Nein*** aussprechen zu dürfen, ist eine ganz wichtige Fähigkeit, wenn man sich nicht zu einem Opportunisten oder Jasager entwickeln will.

Etwas abzulehnen, ist ein ganz natürlicher Vorgang im Leben. Wir entscheiden uns ständig. Indem wir eine konkrete Sache wählen, entscheiden wir uns automatisch gegen alles andere. Wir brauchen als Mensch aber auch die Möglichkeit, ein direktes ***Nein!*** aussprechen zu dürfen. Ohne Schuldgefühle und ohne die Frage, ob das gut ankommt und was der andere von uns denkt.

Wenn uns jemand fragt, ob wir in ihn verliebt sind und das nicht der Fall ist, müssen wir verneinen können. - ohne dass wir Angst haben müssen. Auch in einer Beziehung braucht es dieses Wort, weil jeder Mensch ein Individuum ist, das auch seinen Freiraum braucht. Speziell als Vater oder Mutter hat man immer damit zu tun, Grenzen zu setzen und dafür zu sorgen, dass diese eingehalten werden. Dabei kommt das Wörtchen ***Nein*** fast täglich im Sprachgebrauch vor und wir müssen in der Lage sein, diese Grenzsetzung auch auszustrahlen.

Haben wir in der Kindheit erlebt, dass einem Wutanfall eine Strafe oder gar eine gewalttätige Reaktion folgte, haben wir im Erwachsenenalter ein Problem. Etwas abzulehnen, wird uns schwerfallen, weil das Unterbewusstsein die negativen Konsequenzen nicht vergessen hat. ***Nein*** zu sagen, ist dann intuitiv mit Gefahr verbunden. Dies ist ein Grund mehr, das Problem mit dem Nein-Sagen genauer unter die Lupe zu nehmen. Was wir selbst nicht ausdrücken und leben können, wird auch in unseren Kindern nicht angesprochen und steht ihnen damit erst wieder zur Verfügung, wenn sie sich bewusst mit diesem Mangel auseinandersetzen.

Umgang mit Wut in der Trotzphase

Die Trotzphase im Kleinkindalter ist weniger eine Herausforderung für das Kind. Es sind die Eltern, die unter diesen Gefühlsausbrüchen leiden, weil sie mit der eigenen Wut noch keinen Frieden geschlossen haben. Wer selbst nicht wütend sein durfte, kann diese Emotion auch bei anderen Menschen nicht ertragen und kommt seinerseits schnell an die Schmerzgrenze. Wir erleben das im täglichen Leben, wenn sich der Nachwuchs mitten beim Einkaufen auf den Boden wirft und brüllt, weil ihm etwas verweigert wird. Für Erwachsene scheint dieses Verhalten unangemessen, das Kind gibt jedoch nur seiner Wut einen passenden Ausdruck. Erwachsene streiten verbal in dieser Situation, Kinder drücken die Knöpfe an einer anderen Stelle. Sie leben im Jetzt und geben dem, was sie im Augenblick fühlen, sofortigen Ausdruck. Solange wir nicht akzeptieren, dass dies eine völlig normale Reaktion ist, halten wir an dieser Stelle die normale Entwicklung auf. Häufig reagieren Eltern an diesem Punkt genervt und zerren den Nachwuchs aus dem Geschäft, weil er ihnen peinlich ist. Hier liegt das Problem bei den Eltern und nicht beim Kind, das lediglich seine Gefühle sichtbar ausdrückt.

Es sind die Erwachsenen, die dieses Verhalten als unzumutbar bezeichnen. Es wäre besser, ein Kind während der Trotzphase nur dann zum Einkaufen mitzunehmen, wenn es wirklich nicht anders geht. Kindliche Wutausbrüche lassen sich leichter handhaben, wenn sie in den eigenen vier Wänden stattfinden. Hier ist gewohntes Terrain und man kann sich auch aus dem Weg gehen, wenn es sein muss, ohne dass man das Kind aus den Augen verliert. Wichtig ist, dass es eine positive Erfahrung mit dem Gefühl von Wut gibt. Ohne das Trotzalter ausgelebt zu haben, ist der Mensch nicht komplett.

Die Trotzphase teilt erstmals die kindliche Welt in möglich und unmöglich ein. Vorher bestimmten ausschließlich die Eltern und gaben vor, was getan werden sollte. Im Trotzalter ***„entwickelt"*** das Kind eine Waffe, mit der es sich selbst behaupten kann. Es sagt ***nein*** und erwartet eine entsprechende Reaktion. Wird hier falsch reagiert, entwickeln sich Charaktere, die nicht in der Lage sind, sich zu wehren und Grenzen zu setzen, weil sie nicht ungestraft widersprechen durften. Schon ein missbilligender Blick oder das Abwenden der Eltern reichen aus, dass das Kind seinen Widerstand als falsch etikettiert. Dies kann verheerenden Folgen für seine Zukunft haben.

Kind in der Trotzphase - © Depositphotos.com - Sharomka

Die eigenen Probleme zuerst lösen

Eltern sind gefordert, sich mit ihren Baustellen auseinanderzusetzen, wenn sie spüren, dass sie der eigene Nachwuchs aus der Fassung bringt. Fehlt eine positive Erfahrung mit Wutausbrüchen, stehen sie dem eigenen Kind und dessen geballter Energie zunächst völlig hilflos gegenüber.

Der erste Gedanke, der ihnen in den Sinn kommt, ist, dass jemand dieses Kind bitte ***abstellen*** soll. Wird ihnen klar, dass niemand kommt, um zur Hilfe zu eilen, wird ihr Widerstand gegenüber der Situation entfacht. Sie wollen diese Situation nicht. Sie ist ihnen peinlich. Sie sind genervt. Das Schreien des Kindes macht etwas mit ihnen, das sie nicht erklären können, was aber nichtsdestotrotz unangenehm ist. Sie wollen, dass es aufhört, denn es berührt ihre Hilflosigkeit, obwohl sie als Eltern doch handeln müssten.

Was in der eigenen Kindheit schiefgegangen ist, geben wir an unsere Kinder weiter, selbst wenn wir es nicht wollen. Unsere Konditionierungen zwingen uns, in ganz bestimmter Weise zu handeln - etwas anderes ist uns (scheinbar) nicht möglich. Normalerweise sollten wir in solch einer Situation der Trotzphase völlig entspannt bleiben und abwarten können, bis die Wut abgeklungen ist. Wenn wir uns in diesem Moment sagen würden, dass es sich um einen ganz normalen Entwicklungsabschnitt handelt, in dem das Kind so handeln muss, um sich zu entwickeln, würden wir nicht so aus der Fassung geraten.

Es käme normalerweise gar kein Gedanke auf, dass es sich um ein unangemessenes Verhalten handelt, denn dies haben wir nur in unserer eigenen Kindheit gelernt. Nun in gegenteiliger Weise zu handeln, ist freilich schwierig, da wir entgegen den eigenen Konditionierungen handeln müssten.

Aus diesem Grund ist es so wichtig, gerade bei Kindern im Trotzalter sehr vorsichtig mit den eigenen Reaktionen zu sein. Was ein Kind aufgrund seines Verhaltens erlebt, speichert es als Reaktionsmuster ab und nimmt diese ins Erwachsenenalter mit. Wut ist lediglich eine Energie, die in der Kindheit sehr spontan und unverfälscht ausgedrückt wird. Kinder können Frustrationen nicht auf gedanklicher Ebene bearbeiten, weil die entsprechenden Gehirnzellen noch nicht vernetzt sind. Deshalb stimmen Gedanken, Gefühle und Handlungen im Kindesalter noch überein, während wir als Erwachsene Dinge sagen können, die wir gar nicht so meinen. Ein Kind ist also absolut ehrlich in seinem Ausdruck, weil es einer Situation noch keine eigenen Gedanken aufprägen kann.

Bleiben Sie geduldig

Haben Sie es also mit einem Kind zu tun, das gerade in der Trotzphase steckt, haben Sie bitte Geduld. Mit sich selbst und dem Kind. Sie werden im ersten Moment das Gefühl entwickeln, die Situation mit einem energischen Ausruf beenden zu wollen. Sie sollten sich aber zurückhalten. Wut ist eine starke Energie, die den gesamten Körper durchfließt. Unterbrechen Sie den Wutanfall, friert die Energie bildlich gesprochen ein und kann physische Schäden verursachen. Natürlich ist es wichtig, einen Wutanfall zu lenken, wenn das Kind auf dem besten Weg ist, sich selbst zu verletzen. Doch es genügt, die Dinge aus dem Weg zu räumen, die gefährlich werden können und das Kind ansonsten gewähren zu lassen.

Dann kann es die Erfahrung machen, wie sich Wut anfühlt und was sie bewirkt. Es werden sehr viele Hormone freigesetzt, die ein großes Aktionspotenzial in sich tragen. Das heißt, es wird sehr viel Handlungsenergie frei. Diese kann im Anschluss genutzt werden, um mit der Situation auf neue Weise umzugehen. Statt Wut ausschließlich als Verweigerung bezüglich eines Umstandes zu begreifen, sollten Sie wissen, dass jedes Problem seine Lösung immer in sich trägt. Kinder haben ihre eigene Weise, mit solchen Situationen umzugehen. Ein heftiger Wutausbruch richtet sich zwar gegen die bestehende Situation, gleichzeitig wird auf diese Weise aber Energie für die Lösung des Problems freigesetzt.

Hier liegt es also beim Erwachsenen, nicht in den natürlichen Verlauf einzugreifen. Natürlich kann man nicht immer das Kind diesen Prozess durchleben und beenden lassen. Wirft es sich bspw. auf der Straße hin, können Sie natürlich nicht warten, bis sich der Wutanfall in Luft auflöst. In diesem Fall müssen Sie das Kind auf die andere Straßenseite schaffen und dort ausharren, bis die wütende Energie verflogen ist. Grundsätzlich ist es wichtig, diesen Prozess liebevoll und ruhig zu begleiten.

Dieser Herausforderung müssen sich alle Eltern stellen, die ihren Kindern eine gesunde Entwicklung schenken wollen. Wutausbrüche in der Trotzphase sind die beste Gelegenheit, zu prüfen, ob man Probleme mit der Wut hat oder nicht. Wenn Sie Ihr Kind während seiner Trotzanfälle ***„aushalten"*** können, ohne sein Auftreten zu verurteilen, ist das wunderbar. Verlieren Sie hingegen die Fassung und wehren Sie sich innerlich gegen diese Situation, leben Sie mit Ihrer Wut noch nicht im Frieden. Dann braucht es Ihrem Kind zuliebe Aufarbeitung, damit es die Trotzphase und die Fähigkeit des Neinsagens integrieren und später leben kann.

Wut und ihre physischen Auswirkungen

Wut ist eine Energie, die sehr kraftvoll ist und infolgedessen auch auf das physische System des Menschen wirkt. Während Angst einen Schockzustand hervorruft, in dem man sprichwörtlich erstarrt, bewirkt Wut das Gegenteil. Sie evoziert, dass das Blut schneller zu kreisen beginnt. Die Atemfrequenz und der Herzschlag erhöhen sich. Das Blut wird mit größerer Geschwindigkeit durch das Kreislaufsystem gepumpt, gleichzeitig nimmt die Fähigkeit zu rationalem Denken ab.

In diesem Moment ist der Mensch sehr fokussiert, aber auch von der Wut gesteuert. Es fühlt sich an, als ob es nur noch den einen Gedanken gäbe, der die Wut auslöste. Die Wut steigert sich, der Betroffene ist sprichwörtlich blind vor Wut und nur noch darauf fixiert, den unerwünschten Zustand auszulöschen oder aber diesen auszuleben.

Sinnvoll ist die Wut dann, wenn die physischen Reaktionen nicht überhandnehmen. Die Wut sollte idealerweise einen Zustand andeuten, der einer Veränderung bedarf. Daher sollte auf die physischen Signale eine Reflexion der Situation erfolgen und hinterfragt werden, was die Wut auslöste. Was brauche ich in diesem Moment, um ruhig durch diese Erfahrung zu gehen?

Mit diesem ersten Schritt, die Aufmerksamkeit auf sich selbst zu richten, ist der Anfang gemacht. Statt die Wut wie im Kindesalter auszuleben, übernehmen Sie die Verantwortung für das Gefühl und fragen nach dem wahren Grund des Entstehens. Nur auf diese Weise können Sie die Situation entschärfen, denn Sie können nur beenden, worauf Sie Zugriff haben.

Da jedoch die wenigsten Menschen in ihrer Kindheit positive Vorbilder bzgl. des richtigen Umgangs mit der Wut hatten, überschütten wir uns üblicherweise gegenseitig mit den Auswirkungen unserer Wut. Wir schreien einander an, zeigen dem anderen die kalte Schulter oder verletzen absichtlich mit verbalen Angriffen. Wir möchten, dass unser Gegenüber in die gleiche Situation gerät wie wir selbst, die Person soll sich genauso schlecht fühlen wie wir selbst. Dies ist kein erwachsenes Verhalten, es ist jedoch nicht leicht, diesen Mechanismus zu durchbrechen, weil er uns seit unserer Kindheit in Fleisch und Blut übergegangen ist. Es lohnt sich aber, vor allem mit Rücksicht auf unsere Gesundheit, einen genauen Blick auf einen Wutanfall zu werfen.

Wut löst physische Beschwerden aus

Ärgern Sie sich über ein zeitlich begrenztes Geschehen oder über eine zeitlich überschaubare Situation, wird sich Ihr Körper nach kurzer Zeit wieder entspannen und in seinen gewohnten Rhythmus zurückfinden. Das die Wut auslösende Geschehen und die damit verbundenen Gedanken, welche den Blutdruck und den Puls in die Höhe jagten, sind verschwunden und Sie sind wieder mit der Gegenwart beschäftigt. In diesem Fall wirkte die Situation nur wie ein kurzer Sturm, der alles durcheinanderwirbelte.

Die Situation sieht anders aus, wenn Sie noch mit Erlebnissen oder Menschen aus der Vergangenheit hadern oder Umständen gegenüberstehen, die sich nicht kurzfristig verändern lassen.

In diesem Fall stehen Sie dauerhaft ***„unter Strom“***, weil Sie immer wieder den gleichen Gedanken wählen:

- Er hat mich nicht geliebt.
- Das muss natürlich immer mir passieren.
- Es hat wieder nicht geklappt, das war doch klar.
- Ich kann die Mitarbeiter nicht ausstehen.
- Die Leute mögen mich nicht.
- Ich habe mich so angestrengt und nichts kommt dabei raus.

Frau „unter Strom“ - der sich wiederholende Gedanke

© Depositphotos.com - denisismagilov

Erkennen Sie sich in diesen Sätzen? Jeder von uns hat diesbezüglich sein Päckchen zu tragen. Eine verflossene Jugendliebe, der man nach zwanzig Jahren immer noch nicht vergeben hat, dass sie einen verließ. Kinder, die sich weit entfernt einen Wohnsitz suchen, sodass der Kontakt abreißt. Kollegen, die einfach nervig sind und nicht auf der gleichen Wellenlänge schwimmen. Oder ein Job, der keine Aufstiegsperspektiven bietet.

Oder es handelt sich um ein missliebiges Thema, das in jeder Kaffeepause neu aufgewärmt wird. Auch die schlechten Zensuren des Nachwuchses bieten der Wut Nahrung; weiter, was der Partner alles getan oder nicht getan hat. Wenn einem immer wieder übel mitgespielt wird, wird die Wut ebenfalls schnell zum Thema.

Jeder hat seine eigenen Baustellen, aufgrund deren er dauerhaft mit seiner Wut unterwegs ist. Das kann unterschwellig sein und man merkt es oft selbst gar nicht, wenn man bspw. ständig mürrisch und reizbar ist.

Wut braucht Nahrung, um zu überleben. Je öfter die entsprechenden Themen aufgewärmt werden, desto mehr wird die Wut gefüttert und angestachelt. Jeder von uns weiß, wie es sich anfühlt, einem Menschen seine Wut und Entrüstung mitteilen zu können. Die Hände und der Kopf werden warm und das Gesicht nimmt eine rote Färbung an. Der Blutkreislauf fährt auf Hochtouren, unter Umständen kann der Blutdruck in den Gefäßen gefährliche Werte erreichen. Dauerhafte Wutgefühle können dazu führen, dass Adern im Augapfel platzen. Insbesondere bei permanenter Wut kann es zu Bluthochdruck kommen, weitere Folgen sind Herzerkrankungen (diese können u. a. entstehen., wenn der Blutdruck dauerhaft erhöht ist), Gefäßerkrankungen sowie Atembeschwerden.

Auch das Immunsystem leidet, sodass Betroffene leichter erkranken – der Körper hat keine ausreichende Widerstandskraft mehr, sodass es leicht zu Erkältungen und grippalen Infekten kommt. Kommen dazu noch schlechte Angewohnheiten wie das Rauchen oder regelmäßiger Alkoholgenuss, potenziert sich die schädliche Wirkung der Wut um ein Vielfaches.

Wut – Sichtbare Form von Energie

Wut ist sichtbare Form von Energie. Wut ist ferner spürbare Kraft, die zunächst aus ***„negativen"*** Gedanken entsteht. Im Moment der Wut ist unsere Welt nicht so, wie sei sein soll. Die Kinder machen nicht das, was wir ihnen vorgeben. Der Partner verhält sich nicht so, wie wir es uns wünschen und bisweilen reicht es für einen Wutausbruch aus, wenn wir den Schlüssel nicht auf Anhieb finden.

Wir haben eine bestimmte Vorstellung, doch die Dinge geschehen nicht nach unserem Willen. Damit ist Wut vorprogrammiert. Doch was ist Wut in diesem Moment?

Was wir als Wut bezeichnen, ist eine heftige Gefühlsregung. Als Menschen sind wir in der Lage, Freude zu empfinden und auszudrücken, aber auch Traurigkeit und Wut.

Während Freude und Glück den Körper wie eine sanfte Brise durchströmen und das Gefühl von Freiheit hervorrufen, richtet sich Wut auf eine Person, ein Objekt oder eine Situation. Wir haben dann nur noch den Wunsch, diese Situation zu verlassen.

Treffen wir in unserem Leben auf ein Hindernis, wollen wir dieses beseitigen. Genauso verhält es sich mit der Wut – alles, was diese Wut hervorruft, soll ausgeschaltet werden.

Wut liefert andererseits eine enorme Energie, durch die man bspw. physisch sehr produktiv werden kann. Nicht umsonst wird empfohlen, Wut bspw. durch Holzhacken ***„rauszulassen"***. In diesem Fall formt sich die Emotion im menschlichen Körper zu einer Art Energie, die ungeahnte Muskelkraft freisetzt.

Jeder von uns hat schon die Erfahrung gemacht, dass er im wütenden Zustand die Fäuste ballt. Der Blutdruck steigt, die Gedanken fixieren sich auf einen Punkt und alles dreht sich nur noch um die ***„Vernichtung"*** des auslösenden Moments. Irgendjemand möchte uns irgendetwas vorenthalten oder stört unsere Balance auf gleich welche Weise - diese Tatsache bringt uns in Angriffshaltung.

In einigen Situationen mag diese Reaktion angebracht sein, vor allem, wenn es um die Verteidigung des eigenen Lebens geht. Aber selbst hier sollte Wut nur dem Anschub der Reaktionsfähigkeit dienen. Denn die richtigen Ideen entspringen meist der inneren Stille und Ausgeglichenheit.

Manchmal ist Wut jedoch hilfreich, wenn wir uns in Selbstmitleid oder in einer Depression verfangen haben. Aus diesem Zustand können wir uns nur befreien, wenn sich ein Fünkchen Hoffnung greifen lässt. Wut lässt sich in diesem Moment wie der Versuch erklären, sich ein letztes Mal gegen eine unerträgliche Situation aufzubäumen, bevor jede Motivation erlischt. Hierzu braucht es ein aktives Gefühl, das unsere Lebensgeister weckt.

Die Gedanken geben der Lebenskraft Ausdruck und Form

Behalten wir immer im Blick, dass es nur eine Lebenskraft gibt. - Eine Energie, der wir durch unsere Gedanken ständig eine andere Form geben können. Findet sich in unserem Umfeld viel Schönes und erleben wir angenehme Situationen, übernehmen wir diese Schwingungen und verstärken diese wiederum. Passieren in der Außenwelt dagegen Dinge, die uns unangenehm berühren und die direkte Wirkung auf unser Leben haben, gehen wir in den Abwehrmodus, der mit den Empfindungen von Wut, Ärger oder Hilflosigkeit einhergeht.

Stets sind es unsere Gedanken, welche die Lebensenergie in der entsprechenden Weise färben. Emotionen sind hierbei nicht dergestalt, dass sie uns gleichsam aus dem Hinterhalt überfallen und wir diesen hilflos ausgeliefert sind. Erinnern Sie sich - ein Kind kann sofort mit dem Weinen aufhören, wenn es von der Mutter in den Arm genommen wird. Und auch die Wut eines Erwachsenen kann sich umgehend in Luft auflösen, wenn man ihm gibt, was er will. Anhand dieser Tatsachen lässt sich erkennen, dass wir nicht einzelne Gefühle mit uns herumtragen, die nacheinander Besitz von uns ergreifen. Es gibt nur eine Lebensenergie, die wir durch unsere Gedanken beeinflussen und die wir bspw. zur Wut formen.

Hinweis

Bezüglich der im Folgenden gemachten Ausführungen darf die Leserin/ der Leser darauf vertrauen, dass die Autorin große Sorgfalt darauf verwendet hat, dass die Angaben in diesem Buch dem neuesten Stand der Wissenschaft entsprechen.

Die Erkenntnisse in der Medizin und Psychologie sind jedoch niemals statisch, sondern unterliegen einem fortlaufenden Entwicklungsprozess. Alle Angaben können von daher immer nur dem aktuellen Wissensstand zum Zeitpunkt des Erscheinens des Buchs entsprechen. Deshalb kann die Autorin für die gemachten Angaben keinerlei Verantwortung und Gewähr übernehmen.

Die Durchführung der in diesem Buch empfohlenen Übungen und Anwendungen erfolgt auf eigene Gefahr des Benutzers. Die Autorin übernimmt keine Haftung für Personen-, Sach- und Vermögensschäden aufgrund der Ausführung der hier erteilten Ratschläge.

Wie wir Wut erzeugen

Halten wir noch einmal fest, dass wir es sind, die wir Wut erzeugen und dass diese Emotion nichts ist, was uns ***„einfach so passiert“***. Wir sprechen ja auch davon, dass wir wütend werden oder wütend sind. Die Wut hat also vornehmlich mit uns zu tun und ist nichts, was uns ***„angetan wird“***.

Schauen wir uns anhand eines Beispiels an, wie wir Wut in uns entstehen lassen.

In allen Paarbeziehungen gibt es den Moment, in dem ein Partner aus irgendeinem Grund verärgert ist, während der andere Partner sich gerade Aufmerksamkeit und Zuwendung wünscht. Nehmen wir bspw. an, dass der Mann (es kann natürlich auch die Frau sein!) gestresst von der Arbeit nach Hause kommt, während seine Frau daheim wie auf glühenden Kohlen sitzt und wartet, weil sie ihm unbedingt etwas erzählen möchte.

Schon der erste Blick auf den Partner wird ihr ebenfalls die Laune vermiesen, denn aus seinem Gesichtsausdruck lässt sich deutlich ablesen, dass er gerade kein Interesse an irgendeiner Form der Kommunikation hat. Während er sich zusammenreißt, um seiner Frau zuzuhören, beginnt es in ihr zu brodeln.

Würde sie ihre Gedanken aussprechen, würden diese sicher so lauten:

„Warum bin ich mit einem Mann verheiratet, der sein Büro jeden Tag mit nach Hause bringt? Ich möchte nur einmal erleben, dass er mit Blumen vor der Tür steht. Dass er Interesse an dem zeigt, was ich den ganzen Tag mache. Weshalb sind wir überhaupt verheiratet, wenn ich mich nur über ihn ärgern muss. Was mit mir ist, ist ihm völlig egal. Immer steht er im Mittelpunkt und ich kann zusehen, wo ich bleibe.“

Durch diese Gedanken verändert sich die Energie der Frau. Ihre Reaktion auf eine äußere Situation hat zur Folge, dass sich die bis dahin positiven Gedanken in eine Abwehrhaltung umwandeln. Die Frau hatte einen Mann erwartet, der glücklich heimkehrt, seine Bürotasche fallenlässt. Der sie in den Arm nimmt, sie fragt, wie es ihr geht und wie sie zusammen den Abend verbringen wollen. Dieses Kopfkino wurde enttäuscht und das reicht aus, um die Stimmung in den Keller fallen zu lassen. In diesem Moment verändern sich die Gedankengänge bei der Frau. Die freudigen Gedanken weichen der Feststellung, dass sie nicht das bekommt, was sie erwartet hat - einen glücklichen, aufmerksamen und liebevollen Partner.

Aber es geht noch weiter, denn es sind immer Gefühle mit im Spiel. Was wäre mit der Frau passiert, hätte sich ihr Partner in der erwünschten Art und Weise verhalten? Sie wäre glücklich gewesen. Oder anders gesagt, ihr glückliches Gefühl wäre bestätigt worden. Sie hätte es teilen können und dadurch das Gefühl von partnerschaftlicher Gemeinsamkeit erzeugt.

Es geht hierbei nie um die Dinge oder Ereignisse, die wir uns tatsächlich in unserem Leben wünschen. Es geht um das Gefühl, das durch die Ereignisse hervorgerufen wird.

Wie geht es in dieser Situation weiter?

Innerhalb von Sekunden hat die Frau die Stimmung ihres Partners erfasst und gedanklich darauf reagiert. Sie spürte, dass es an seinem Arbeitsplatz Ärger gegeben hatte. Ihre Vorfreude und die damit positiven Gedanken wechselten sofort in die Gedankengänge, dass der Abend ruiniert sei und sie nicht bekommen würde, was sie sich vorgestellt hatte.

„Himmelhoch jauchzend, zu Tode betrübt.“ Sie kennen diese Redensart?

Machen wir uns die Mühe, diese Abläufe wirklich zu verstehen, werden wir überrascht sein, wie oft wir tatsächlich nach diesem Spruch leben.

Die gedankliche Reaktion auf die Heimkehr des Mannes verursachte bei der Frau einen Gedankenumschwung um 180 Grad. Das Ganze geschah nur, weil sie eine Situation gedanklich bewertete. Bevor ihr Mann kam, war sie glücklich, weil sie den Abend in ihrer Vorstellung positiv gestaltet hatte. Nachdem es an der Tür geklingelt hatte, war die Frau davon überzeugt, dass sie keinen schönen Abend haben würde, was ihre Stimmung in den Keller katapultierte.

Da wir alle diese Verhaltensweisen vorgelebt bekommen und sie daher übernehmen (müssen), ergeht es den meisten Menschen wie dem oben genannten Paar. Wir entwickeln eine Vorstellung, die oft an den äußeren Umständen scheitert und die uns deshalb wütend macht.

Spinnen wir den Faden bei unserem Paar weiter, dann könnte die Situation sogar eskalieren. Weshalb?

Im ***„Normalfall"*** würde die Frau jetzt wütend werden, während ihr Partner im ersten Moment gar nicht verstehen würde, wo das Problem liegt. Die Wahrnehmung der Frau, dass ihre Vorstellungen enttäuscht werden, könnte zuerst in Selbstmitleid und anschließend in Wut umschlagen.

Achten Sie auf Ihr Kopfkino

Da sich ihre gute Laune beim Anblick ihres abgespannten Mannes verflüchtigt hat, tritt jetzt das Selbstmitleid auf den Plan.

„Da habe ich einmal einen tollen Abend geplant und dann kommt mein Mann ärgerlich nach Hause. Toll. Wieso passiert mir das eigentlich immer?

Kann ich nicht auch einen Mann haben, der sich mal um mich kümmert, statt nur um seine Arbeit? Wieso sind wir eigentlich verheiratet? Was habe ich denn davon, wenn ich auch noch das Haus putzen und die Kinder allein erziehen muss? Da will ich einmal was für mich und natürlich klappt das nicht. Vielen Dank!"

Während diese Gedanken im Kopf der Ehefrau ablaufen, stellt der Ehemann fest, dass anscheinend dicke Luft herrscht. Er weiß jedoch noch nicht genau, wo der Schuh drückt. Also wird er sich vortasten, um den Grund für die schlechte Laune seiner Frau zu erkunden.

„Schatz, was ist denn los?“

Diese Frage ist der letzte Tropfen auf dem heißen Stein. Der Ehemann wird jetzt mit der gesamten Wut der Ehefrau konfrontiert, die diese in den letzten Jahren in sich angesammelt hat. Es geht schon lange nicht mehr um die gegenwärtige Situation. Es geht nur darum, dass ER nicht so ist, wie SIE ihn haben will. (Was von Anfang an keine gute Idee ist).

Mann ist müde von der Arbeit - Sie will ausgehen

Wut kann alles zerstören

Machen wir uns die dahinterstehende Strategie bewusst, dann wird klar, dass wir unser Gegenüber für unsere Situation verantwortlich machen. Würde man die Frau später zu der Situation befragen, würde sie sagen, dass ihr Mann den Abend verdorben hätte. Im schlimmsten Fall kann eine derart simple Situation zur Scheidung führen, weil ein Partner so sehr vom anderen enttäuscht ist. Was ursprünglich der Versuch war, vom Partner ein anderes Verhalten einzufordern, endet dann in der Trennung.

Hier ist Wut zur Problemlösung das falsche Mittel der Wahl. Trotzdem können sich die meisten Menschen in einer solchen Situation nicht zusammenreißen und auf Vorwürfe verzichten. Dem Partner wird vorgeworfen, sich nicht ***„richtig“*** zu verhalten und infolgedessen gehe es dem anderen Partner schlecht.

Was würde ohne Wut geschehen?

Noch sind wir nicht bereit, ohne Wut zu leben. Solange wir die Erfüllung unserer Bedürfnisse auf andere Menschen übertragen, können wir uns nicht von der Wut lösen. Denn dann ist immer Enttäuschung im Spiel, der wir Ausdruck geben müssen.

Wäre das Paar aus unserem Beispiel mental schon weiterentwickelt, wäre die Wut nicht erforderlich gewesen.

Die Frau hätte niemals gefordert, dass ihr Mann glücklich und zufrieden heimkehrt, damit es ihr dadurch gut geht. Sie hätte das glückliche Empfinden nicht an ein Bild gekoppelt und somit keinerlei Erwartungen erzielt. Das hätte dazu geführt, dass sie einfach aus sich selbst heraus zufrieden und glücklich gewesen wäre, ohne dass ihr Mann dafür verantwortlich wäre.

Konkret bedeutet dies: ***In jedem Moment unseres Lebens entscheiden wir aufgrund unserer gewählten Gedanken, wie wir uns im nächsten Moment fühlen werden.*** Es ist unsere Wahl.

Für die meisten Menschen ist es indes schwer verständlich, dass wir Wut selbst hervorrufen. Der Grund hierfür ist, dass es sich für uns ganz anders anfühlt. Diese Gedanken- und Verhaltensmuster wurden in frühester Kindheit gelegt und im Gehirn derart eingeprägt, dass sie zur Gewohnheit geworden sind. Aus diesem Grund wird die Wut nicht bewusst entwickelt. Wir haben vielmehr die Gewohnheit entwickelt, wütend zu sein und gleichzeitig haben wir das Gefühl, keine Kontrolle über diese Empfindung zu haben.

Es liegt aber ganz bei uns, ob wir wütend werden oder nicht. Wenn wir uns dessen gewahr werden, übernehmen wir wieder Verantwortung für unsere Gefühle.

Ist die Emotion allerdings zu einer Gewohnheit geworden, fühlt es sich tatsächlich so an, als ob wir es mit einem Gefühl zu tun hätten, welches nicht zu uns gehört und das uns einfach überfällt. Es braucht am Anfang daher viel Logik und den Wunsch, diese Zusammenhänge zu verstehen. Erschließen sich uns die Kausalitäten, wird es viel leichter, dem Ausbruch von Wut im Vorfeld entgegenzutreten.

Gedanken und Gefühle beobachten

Erst wenn Sie bereit sind, Ihr eigenes Verhalten zu hinterfragen, werden diese Zusammenhänge ersichtlich. Wer in der Lage ist, mit seiner Wut andere Menschen einzuschüchtern, wird keinen Sinn darin sehen, diese zu hinterfragen. Er setzt die Emotion vielmehr ein, um seinen Willen durchzusetzen und das zu bekommen, was er erreichen will.

Da sind jedoch auch die anderen Menschen, die ebenfalls wütend werden, wenn sie sich ungerecht behandelt fühlen oder etwas nicht wie geplant klappt. Bei einem introvertierten Charakter unterdrücken Menschen ihre Wut und fressen diese in sich hinein.

Deshalb ist es so wichtig, sich dieser Vorgänge bewusst zu werden. Es ist nicht einfach, sich seine Wut einzugestehen. Sie wird oft mit der Vorstellung in Verbindung gebracht, dass ein wütender Mensch schlecht sei. In Wahrheit ***„färbt“*** er seine Lebensenergie nur in einer Weise, die weder ihm noch anderen guttut.

Wie kommen wir aber aus dem Kreislauf aggressiver Wut heraus, wenn wir es hierbei mit einer Gewohnheit zu tun haben, von der wir uns ständig überrollt fühlen?

Wenn wir die folgenden Punkte beherzigen, können wir schon die ersten Anzeichen unserer Wut erkennen.

- Beobachten Sie Ihre Gefühle.
- Halten Sie diese in einem Tagebuch fest.
- Erkennen Sie, was Ihre Wut auslöst.
- Achten Sie im Alltag bewusst darauf, was Wut in Ihnen auslöst.
- Formulieren Sie Ihre eigenen Gefühle, anstatt sich Vorwürfe zu machen.
- Ersetzen Sie gedankliche Reaktionen durch Aktionen (die bewusste Wahl von Gedanken).

Viele Menschen leben unbewusst. Das bedeutet, dass sie ihre Gefühle ausleben, ohne deren Entstehungsweg zu spüren und wahrzunehmen. Den Ursprung und das Entstehen der eigenen Gefühle zu verstehen, ist jedoch der erste Schritt, wenn Sie Ihre Lebensqualität deutlich verbessern wollen.

Übernehmen Sie daher Verantwortung für Ihre Gefühle und projizieren Sie diese nicht.

Denn wenn wir nicht die Verantwortung für unsere Wutgefühle übernehmen, schieben wir diese meist anderen Menschen in die Schuhe.

Diese haben dann Schuld daran, dass wir...

- Nicht pünktlich am Arbeitsplatz ankommen.
- Uns schlecht fühlen.
- Nicht genug Geld haben.
- Schlechte Leistungen haben.
- Uns keinen Urlaub leisten können.
- Eine schlechte Familienbeziehung haben.
- Gestresst sind.
- Und, und, und.

Wir werden wütend, weil es unserer Meinung nach einen Menschen oder einen Umstand gibt, durch den unsere Wünsche und Bedürfnisse nicht erfüllt werden. Jemand dort draußen ist schuld an unserem Elend - dieses Vorgehen wird Projektion genannt.

Das folgende Beispiel soll dieses Vorgehen verdeutlichen.

Den eigenen Vorsatz jemand anderem in die Schuhe schieben

Sie nehmen sich vor, am Wochenende Ihren Kleiderschrank aufzuräumen. Es ist Zeit, die Wintergarderobe gegen die Sommerkleidung auszutauschen. Sie teilen Ihrer Familie den Plan mit, da Sie in dieser Zeit nicht für andere Dinge ansprechbar sein werden.

Das Wochenende naht, plötzlich wird es sommerlich warm und eigentlich würden Sie viel lieber draußen unterwegs sein. Schweren Herzens überwinden Sie sich (Sie entlassen den Gedanken, dass Sie rausgehen wollen aus Ihrem Gehirn) und treten vor den Kleiderschrank.

Nach dem ersten Blick steht fest - das wird lange dauern. Infolgedessen sinkt Ihre Motivation gegen Null. Sie nehmen die ersten Sachen aus dem Schrank und halten plötzlich Dinge in der Hand, die Sie schon lange gesucht, aber nicht gefunden hatten. Eine Schachtel mit alten Briefen. Kindersachen, von denen Sie sich noch nicht trennen konnten. Ausrangierte Kleidung, in die Sie durch Sport wieder hineinwachsen wollten.

Diese Dinge haben mit Ihrer Vergangenheit zu tun und erzählen Ihnen eine Geschichte, in die Sie gedanklich einsteigen. Plötzlich wird die Tür aufgerissen und eines Ihrer Kinder steht im Zimmer. Es schluckt seine Frage hinunter und platzt heraus: ***„Du bist aber noch nicht weit gekommen!“***

Sie atmen tief ein, schlucken den Ärger hinunter und fragen, was das Kind wolle.

Das Aufräumen geht weiter. Mittlerweile haben Sie die Sachen sortiert, schauen nach der Uhrzeit und werden unruhig. Sie wollten schon lange fertig sein, doch ein Ende ist noch nicht abzusehen.

Im Moment sieht es eher schlimmer als vorher aus, weil der Schrank leer und der Fußboden oder das Bett davor bis oben vollgepackt sind. Die Unzufriedenheit steigt.

Erneut wird die Tür aufgerissen und ein weiteres Familienmitglied stört Ihre Arbeit. Möglicherweise empfangen Sie diese Person mit dem Satz: ***„Ich habe doch gesagt, dass ich nicht gestört werden will!“***. Wobei der Tonfall schärfer und die Stimme lauter wird. Ohne Gegenargument schließt sich die Tür von außen und Sie wissen, dass sie einen anderen Menschen gerade verletzt haben. Die Unzufriedenheit über den Verlauf dieser Situation nimmt weiter zu.

Jetzt müssen Sie sich nachher auch noch entschuldigen, dass Sie die Geduld verloren haben. Und das, obwohl Sie im Vorfeld angekündigt hatten, dass Sie nicht gestört werden wollen. Die Familienmitglieder halten sich nicht an Ihre Vorgaben, aber Sie müssen für Ihr Verhalten um Verzeihung bitten. Langsam beginnen Sie, innerlich zu kochen.

Nachdem Sie die Aufräumarbeiten wieder in Gang gebracht haben, stellen Sie fest, dass Sie mehrere Tüten brauchen werden, um die ausrangierte Kleidung zu verstauen. Die Plastiksäcke sind aber gerade alle aufgebraucht, was bedeutet, dass Sie die alten Kleidungsstücke irgendwo zwischenlagern müssen. Dies entspricht natürlich auch nicht Ihren Vorstellungen vom schnellen Aufräumen. Langsam gibt es nur noch negative Gedanken über die momentane Situation in Ihrem Kopf und es braucht nur noch den berühmten einen Tropfen auf den heißen Stein, bevor Sie explodieren.

Dieser Tropfen öffnet in Gestalt Ihres Ehemannes die Tür und fragt: ***„Schatz, wie lange willst du bei diesem schönen Wetter noch im Zimmer hocken. Du solltest wirklich mit uns rauskommen, die Kinder warten schon auf Dich!"***

Wenn wir den Antrieb vergessen, eskaliert die Situation

Sie ahnen, was im nächsten Moment passiert? Nur ganz wenige Menschen sind an dieser Stelle in der Lage, in Harmonie mit sich selbst zu reagieren. Den meisten Menschen wird dagegen der Kragen platzen und sie werden den Partner anschreien oder zumindest laut werden und sagen, dass sie…

- Überhaupt keine Lust haben, die Klamotten auszusortieren, es aber auch kein anderer macht.
- Schon lange fertig sein wollten, aber ständig gestört werden.
- Wirklich Besseres zu tun hätten, als ständig angezählt zu werden.
- Immer für die anderen da sind, während Sie nichts zurückbekommen.

- Alles allein machen müssen, während alle anderen tun, wozu sie Lust haben.

Wir können diese Liste noch beliebig fortsetzen. Was ist in dieser Situation passiert? Wie ist die Wut entstanden und was wird hier als Projektion bezeichnet?

Die Frau fasste einen Plan in Form eines Gedankens: ***„Ich räume den Schrank auf.“***

Da dieses Vorhaben nicht ganz freiwillig war, sondern einer Notwendigkeit geschuldet war, ließ sie sich leicht von anderen Dingen ablenken. Oder in anderen Worten ausgedrückt, sie war nicht ganz bei der Sache.

Als das Kind ins Zimmer schaute, begann die erste Projektion. Sie hörte den Satz des Kindes und reagierte so, als ob ihr Nachwuchs das Aufräumen von ihr verlangt hätte, weshalb sie ärgerlich wurde.

Hätte sie sich in diesem Moment daran erinnert, dass sie selbst die Entscheidung zum Aufräumen getroffen hatte, wäre die Antwort möglicherweise so ausgefallen:

„Weißt du Schatz, eigentlich habe ich gar keine Lust zum Aufräumen. Aber ich möchte den Schrank jetzt doch in Ordnung bringen, weil ich mich sonst morgen wieder über ihn ärgere. Fangt ihr doch schon mal an, womit auch immer, ich möchte die Arbeit erst beenden.“

Junge Frau beim Aufräumen des Schranks
© Depositphotos.com - NewAfrica

In diesem Fall hätte die Frau nicht auf den Satz des Kindes reagiert, sondern innerlich nachgefühlt, was für sie selbst ansteht. Sie hätte auch formulieren können, dass sie zwar weiter aufräumen müsste, aber zuerst eine Pause machen möchte. Auch dieser Satz wäre eine ruhige und vor allem ehrliche Antwort gewesen und es hätte keine Wut im Spiel sein müssen.

Wut kam erst dann auf, als die Frau nicht mehr daran dachte, dass sie selbst den Entschluss gefasst hatte und nicht ihre Kinder oder ihr Mann. Vergessen wir, dass wir etwas in Angriff nehmen, obwohl wir es eigentlich nicht wollen, machen wir irgendwann einen anderen Menschen dafür verantwortlich. Dass wir selbst die Erschaffenden dieser Situation sind, übersehen wir in diesem Moment. Wir übertragen die Verantwortung der Situation auf eine andere Person und können dadurch auf sie wütend werden, wenn unser Vorhaben nicht klappt.

In Wahrheit wurde die Frau von ihrer Familie nur gefragt, ob sie mit ihrem Vorhaben schon fertig sei. Wäre sie ehrlich gewesen, dass sie einerseits keine wirkliche Lust hatte und länger als geplant brauchen würde, hätte sie ausgedrückt, was sie fühlt. Sie hätte sogar mit dem Aufräumen aufhören können, wenn sie einen neuen Gedanken entwickelt hätte, aber dazu hätte sie ehrlich zu sich selbst sein müssen. Diese Wahrnehmung ist Bewusstsein. Dazu gehört das Wissen, was wir wirklich über eine Situation denken und wie wir entsprechend handeln.

Woher kommt dieses Verhalten?

- Wie war es im Kindesalter, als Sie nach dem Essen ins Bett gesteckt wurden, obwohl Sie noch gar nicht müde waren?
- Wie war es, als Sie sich verletzt hatten und es möglicherweise hieß, Sie sollten aufhören zu schreien?
- Was empfanden Sie, als Sie etwas essen mussten, was Ihnen gar nicht schmeckte?
- Und wie ging es Ihnen bei einem Ausflug, zu dem Sie gar nicht mitgehen wollten?

Sie haben als Kind ständig die Erfahrung gemacht, dass etwas angeblich gut für Sie sei, was sich aber eindeutig schlecht anfühlte. Infolgedessen sind wir mit einer falschen Wahrnehmung aufgewachsen und leben als Erwachsene immer noch nach diesem Schema. Wir zwingen uns, etwas zu tun, obwohl wir es nicht gar wollen - und schieben den Gedanken vor uns her, dass ein anderer Mensch das von uns verlangt. Natürlich gibt es Dinge, die getan werden müssen, obwohl sie langweilig sind und nicht Ihren Interessen entsprechen. Aber dann können wir das aussprechen und müssen niemand anderem die Schuld dafür geben.

Weder die Kinder noch der Ehemann haben etwas mit der Entscheidung der Frau zu tun, die den Schrank aufräumen will (oder glaubt, ihn aufräumen zu müssen).

Die Entscheidung, was auch immer zu tun ist, treffen wir selbst. Haben wir keine Lust dazu, liegt auch das in unserer Verantwortung. Der Ärger, der sich bei einer freundlichen Nachfrage meldet, ist die Wut auf sich selbst, noch nicht fertig zu sein. Man möchte nicht mehr an sein Vorhaben erinnert werden und dann taucht jemand auf, der das unwissentlich doch tut. Also bekommt dieser Mensch die eigene Wut ab, obwohl das die falsche Adresse ist.

Was tun, wenn die Wut überschwappt?

Stehen Sie kurz vor der inneren Explosion, ist es zu spät, um zu intervenieren. Hat sich die Lebenskraft zu Wut geformt, muss sie sich auch Ausdruck verschaffen. Am sichersten ist es in diesem Moment, allein in einem Raum zu sein. Hier kann man die Wand anbrüllen, laut schimpfen oder auf ein Kissen einschlagen. Alles ist besser, als die eigene Wut an einem anderen Menschen auszulassen, der gar nichts dafür kann. Wir müssen nur rechtzeitig erkennen, wenn die Wut in uns aufsteigt.

Wir haben gelernt, mit unseren fünf Sinnen die Außenwelt wahrzunehmen. Was uns nicht beigebracht wurde, ist der Umgang mit uns selbst. Solange wir keine Kontrolle über unsere Gedanken und Gefühle haben, fühlen wir uns als Spielball dieser Welt und sind bemüht, es jedem Menschen recht zu machen – was schlichtweg nicht funktionieren kann.

Bleiben Sie bei sich und nicht in der Umwelt

Wenn Sie spüren, dass Sie weniger wütend sein sollten, und wenn Sie wissen, dass negative Wut Ihren Körper und Ihre Seele zerstört, sollten Sie handeln. Hierzu müssen Sie den Ursprung der Wut erkennen und dort beginnen. So sollten Sie - statt auf den Fernseher zu starren, das Radio ganztags laufen zu lassen, ständig mit Freunden am Handy zu kommunizieren, oder das Wochenende mit Aktivitäten zu füllen - lernen, mit sich allein zu sein. Nur so können Sie Ihren Gedanken zuhören und Ihre Gefühle spüren.

Nehmen Sie sich die Zeit und beobachten Sie sich selbst. Selbst wenn es täglich nur fünf Minuten sind, wird Ihnen das eine ganz neue Sichtweise bringen. Fragen Sie sich selbst, was Sie gerade denken und spüren und sprechen Sie es laut aus.

Sie werden überrascht sein, was sich dadurch verändert.

Im Moment sind Sie sich vieler Dinge bewusst. Was Sie morgen einkaufen werden, wann die Kinder ins Bett sollen, was am Wochenende auf dem Plan steht und ob es morgen regnen wird. Sie wissen jedoch nicht, was Sie gerade denken oder fühlen, obwohl Sie sich selbst am nächsten sind.

Wenn Sie in Harmonie mit sich, anderen Menschen und allen Lebenssituationen sein wollen, müssen Sie selbst bestimmen können, was Sie in jedem Moment fühlen wollen. Am Anfang scheint jedoch die Vorstellung, etwas absichtlich denken zu können, so absurd, dass viele Menschen den Versuch gar nicht wagen. Um ein gesundes, glückliches und erfolgreiches Leben zu führen, ist es jedoch unabdingbar, zuerst mit sich selbst zurechtzukommen. Dann werden Sie erkennen, dass Ihnen die Gefühle nicht zustoßen, sondern dass Sie diese selbst erzeugen.

Welche Auslöser bringen Sie auf die Palme?

Um die Wut zu zügeln und nicht bei jeder Situation, die nicht nach Ihren eigenen Vorstellungen verläuft, zu explodieren, müssen Sie herausfinden, worauf Sie mit heftigen Gefühlen reagieren. Sind es Aussagen anderer Menschen bezüglich Ihrer Person? Stellt sich Wut ein, wenn Sie ignoriert werden? Ober wenn Ihnen jemand ständig ins Wort fällt, statt Sie ausreden zu lassen?

Reflektieren Sie diese Situationen, wenn sie geschehen sind, um herauszufinden, was Ihre speziellen Auslöser sind. Wenn Sie wissen, welche Worte Sie verletzen, können Sie an dieser Stelle ansetzen.

Ist da jemand, der sich gerne in den Mittelpunkt drängt, während Sie das Gefühl haben, keinen Raum zu bekommen? Dann wollen Sie in Wahrheit mehr Gehör finden, aber Sie stehen noch nicht dazu. Es ist Ihnen vielleicht noch gar nicht bewusst, dass Sie das, was Sie am anderen verurteilen, selbst gerne tun würden. Fragen Sie sich ernsthaft, warum Sie auf den anderen wütend sind. Im ersten Moment werden Sie sagen, dass der betreffende Mensch grenzüberschreitend ist, sodass andere Menschen keinen Platz bekommen. Fragen Sie sich dann, was das Ganze konkret mit Ihnen zu tun hat, müssten Sie ehrlich sagen: ***„Eigentlich würde ich auch gerne mal im Mittelpunkt stehen und mit meinen Ideen gehört werden.“*** Schaffen Sie es, sofort zu dieser Wahrheit durchzudringen, statt der Situation gegenüber auf Abwehr zu gehen, hat unkontrollierte Wut keine Chance mehr.

Je öfter Sie sich mit dem Hinterfragen einer Situation auseinandersetzen, desto mehr verstehen Sie sich selbst. Sie werden Ihre Wut immer öfter auf sich selbst beziehen können und herausfinden, dass Ihre Ablehnung immer eine Sehnsucht ist, etwas zu tun, was Sie sich bisher untersagen.

Demnach ist Wut auch ein Indikator, denn sie zeigt Ihnen, dass Sie etwas in sich unterdrücken. Statt Ihren Frust verbal an einem anderen Menschen auszulassen, können Sie sich jetzt bei jeder aufkommenden Wut fragen:

- Was liegt unter meiner Wut?
- Was würde ich jetzt fühlen, wenn da keine Wut wäre?
- Möchte ich das, was mich am anderen wütend macht, in Wahrheit nicht für mich selbst?

Natürlich ärgern wir uns alle, wenn jemand schlecht über uns spricht oder Unwahrheiten verbreitet. Aber wir haben keinen Einfluss darauf, was andere Menschen denken und sagen. Wir sind nur dafür verantwortlich, wie wir darauf reagieren. Wir können der Person sagen, dass sie lügt. Aber das wird uns nicht beruhigen. Wir können uns verteidigen, aber auch das ist nur der Versuch, dass der andere Mensch seine Aussagen über uns revidiert.

Will er das nicht, haben Sie ein Problem und finden sich in Wutgefühle eingetaucht.

Fragen Sie sich, was Sie von sich selbst denken. Denken Sie über sich positiv, werden Ihnen negative Aussagen anderer nichts mehr anhaben. Haben Sie allerdings von sich selbst keine gute Meinung und wenig Selbstwertgefühl, wird Sie jede Aussage zu Ihrer Person verunsichern. Haben Sie verinnerlicht, dass Sie ein guter Mensch sind, dem alles zur Verfügung steht und dass nur Sie sich selbst durch Ihre Konditionierungen davon abhalten, werden Sie aufblühen.

Dann brauchen Sie die Wut nicht mehr, mit deren Hilfe Sie heute noch um Ihr psychisches Überleben kämpfen. Sie wissen, dass Sie für alles selbst verantwortlich sind. Das gilt im positiven wie im negativen Sinn.

Tun Sie es

Vieles über die Wut wird Ihnen nur klar, wenn Sie sich damit beschäftigen. Hierzu müssen Sie aussprechen, was Sie denken und fühlen, damit Ihnen diese Verhaltensmuster bewusst werden. Infolgedessen werden Sie Ihre Aufmerksamkeit lenken können und mehr bei sich selbst sein. Das ist die Voraussetzung, um ganz bewusst Dinge im eigenen Leben zu ändern. Dabei kommt es immer auf Ihre Reaktionen gegenüber der Umwelt an.

Sie sind es, die bestimmen, was Sie im Leben haben oder nicht haben werden.

Dieser Prozess nennt sich ***„erwachsen werden“***. Vom unkontrollierten Wutausbruch bis zur Verantwortung für Ihre Gefühle, liegt alles in Ihrer Hand. Je eher Sie sich mit diesen Tatsachen auseinandersetzen, desto rascher wird sich Ihr Leben zum Positiven verändern. Wut bringt zum Ausdruck, dass Sie sich einer bestimmten Sache nicht sicher sind und glauben, kämpfen zu müssen, um ein Ziel zu erreichen.

Statt sich mit dem zu beschäftigen, was andere Menschen über Sie sagen oder nicht sagen und in Ihnen sehen oder nicht sehen, sollten Sie sich idealerweise um sich selbst und Ihre Bedürfnisse kümmern. Das sind möglicherweise neue und ungewohnte Ansatzpunkte für Sie. Diese sind aber notwendig - für Ihren inneren Frieden, für mehr Erfolg, Gelassenheit und vor allem für Ihre Gesundheit.

Statt uns über den anderen Menschen oder die Situation zu ärgern, sollten wir bei uns weitermachen und unsere Gedanken beobachten. Wollen wir uns schlecht und angegriffen fühlen oder sind wir in der Lage, unsere unterdrückten Wünsche zu erkennen und diese zu formulieren?

Wut ist eine Möglichkeit, uns in einer bestimmten Ausdrucksform zu zeigen. In vielen Fällen fügt sie Schaden zu und sorgt durch die stressbedingte Ausschüttung von Hormonen für gesundheitliche Probleme – insbesondere, wenn die Wut lange anhält oder ständig auftritt. Hinter der Wut stecken oftmals Wünsche und Hoffnungen, die wir uns selbst nicht eingestehen, obwohl wir sie haben. Diese unterdrückten Fähigkeiten und Möglichkeiten sollen wir wieder in unser Leben integrieren, um als vollständiger Mensch unser Leben gestalten zu können.

Lassen Sie die Wut nicht übermächtig werden, unterdrücken Sie diese aber nicht

Jeder kennt es - je länger wir Ärger und Frustrationen mit uns herumtragen, desto intensiver wird das Gefühl von Wut. Dann reicht ein kleiner Auslöser, der mit dem ursprünglichen Thema oft gar nichts zu tun hat, und wir explodieren. Oft bekommen Freunde oder Familienangehörige unsere Wut ab, wenn wir gereizt auf ihr Verhalten oder ihre Aussagen reagieren. Dabei ist es gar nicht ihr Handeln, das uns in Rage bringt. Diese Menschen sind vielmehr eine Möglichkeit, die eigene Wut auszudrücken und damit loszuwerden.

Dass das nicht der richtige Umgang mit Wut ist, dürfte klar sein. Die Verantwortung für das Gefühl liegt immer bei uns selbst. Damit die Situation nicht eskaliert, ist es wichtig, dieses Gefühl zuerst bei sich selbst wahrzunehmen. Nur dann können wir auch mit der Wut umgehen lernen.

Wer spürt, dass er wütend wird, hat zwei Möglichkeiten. Entweder steigert sich der Betreffende in das Gefühl hinein, indem er den Gedankenkreislauf, der mit der Wut verbunden ist, weiterverfolgt und intensiviert:

„Ich habe es doch gewusst, dass ich wieder übers Ohr gehauen werde. Das war ja zu erwarten. Warum sollte sich auch etwas geändert haben. Dieser unmögliche Mensch! Und er glaubt wirklich, dass ich das nicht merke? Was fällt dem eigentlich ein! Glaubt der, ich lasse mir alles bieten?"

Treten solche Gedanken auf, besteht die Chance, dass die Situation aus dem Ruder läuft und es auf jeden Fall zu einem verbalen Angriff kommt.

Wir steigern uns in diesem Moment so sehr in ein Bild hinein, dass wir den Blick für die Realität verlieren. Deshalb ist es wichtig, auf die ersten Anzeichen der Wut zu achten, um diese in die richtigen Bahnen zu lenken.

Wir wissen und spüren sofort, wann wir wütend werden. Das brauchen wir nicht zu lernen. Was wir üben müssen, ist die Gedankenkontrolle in diesem Moment. Für den Anfang ist es hilfreich, auszusprechen, dass man wütend ist. Statt die andere Person zu attackieren und die Wut in Form von Anschuldigungen herauszulassen, hilft es, bei sich selbst zu bleiben. Dann können wir aussprechen, dass wir ärgerlich sind und dass uns das Verhalten des anderen verletzt. Die Wut bleibt aber bei uns und muss nicht dem Gegenüber ins Gesicht geschrien werden.

Durch ausgelebte Wut versuchen wir immer, das Problem aus der Welt zu schaffen. Wir schreien jemanden an, damit sich die Energie der Wut auflösen kann. Gleichzeitig verletzen wir auf diese Weise andere Menschen. Ziehen wir die Aufmerksamkeit von der anderen Person ab und beschreiben wir unseren derzeitigen Gefühlszustand, entziehen wir der Wut Energie. Wir sind immer noch ärgerlich und dürfen das auch sein, aber wir schaden niemandem damit. Wir geben ein Statement über unser vorherrschendes Gefühl und übernehmen dadurch die Verantwortung.

Wir dürfen sagen, dass wir uns ausgenutzt fühlen oder dass wir wütend sind, weil etwas Wichtiges nicht geklappt hat. Solange wir kommentieren, was wir fühlen, laden wir die Wut nicht bei Menschen ab, die für unser Problem nichts können. Deshalb ist es sehr wichtig, über seine Gefühle zu kommunizieren.

Wut - Auslöser erkennen und reagieren

Warum werden wir wütend? Entweder erfüllen sich unsere Wünsche und Vorstellungen nicht oder jemand greift unsere Sichtweise in irgendeinem Bereich an und stellt diese als falsch dar. Immer, wenn unser ***Ich-Gefühl*** infrage gestellt wird, ist Wut ein reflexartiges Mittel der Wahl, um den Selbstschutz zu aktivieren.

Da jeder Mensch seine individuellen Baustellen hat, sind auch die Auslöser unterschiedlich. Bei einem Menschen reicht es aus, um zu explodieren, wenn jemand eine Augenbraue leicht anhebt. Ein anderer reagiert allergisch auf Belehrungen oder darauf, dass ihm ständig ins Wort gefallen wird.

Wir können natürlich nicht allen Auslösern im Leben aus dem Weg gehen. Wir können auch Menschen nicht dahingehend manipulieren, dass sie sich uns gegenüber so verhalten, dass wir nie wieder wütend werden. Daher müssen wir lernen, unsere Auslöser zu erkennen und unsere Wut gleichzeitig zu kommunizieren.

Je länger wir auf dieser Erde leben, desto genauer wissen wir, welche Themen, Gesten, Überzeugungen und Situationen uns in Aufruhr versetzen. Meist saust der Blutdruck in diesen Momenten in die Höhe. Wir haben das Bedürfnis, uns zu rechtfertigen. Das Gefühl, dass der andere definitiv unrecht hat, stellt sich ein und wir wollen ihm unbedingt die Meinung sagen. Wir fühlen uns in diesem Moment unverstanden und in der Persönlichkeit untergraben, was einen aufsteigenden Energiestrom bewirkt, um uns zu verteidigen.

Meist versuchen wir, diesen Situationen auszuweichen, damit diese nicht eskalieren. Wo wir eine Begegnung mit Auslösern nicht vermeiden können, brauchen wir im Vorfeld Handlungsstrategien.

- ***Das Kind kommt einfachen Vorgaben nicht nach?***

Statt wütendem Schreien sind hier Konsequenzen gefragt, die dem Nachwuchs deutlich machen, dass nicht nur seine Spielregeln im Zusammenleben gelten.

- ***Der Toilettendeckel bleibt immer oben, was Sie zur Verzweiflung treibt?***

Versuchen Sie, in diesem Fall zu akzeptieren, dass das Zusammenleben mit einem anderen Menschen bedeutet, dessen Eigenheiten bis zu einem gewissen Grad akzeptieren zu müssen.

- ***Sie haben es mit schwierigen Arbeitskollegen zu tun, deren Verhalten Sie tagtäglich stört?***

Sprechen Sie mit einer anderen Person darüber, aber bleiben Sie bei Ihren Gefühlen. Fragen Sie sich, was der Mensch bei Ihnen mit seinem Verhalten berührt und was Sie wütend werden lässt. Fühlen Sie sich durch seine Anwesenheit weniger wert, ungesehen oder entsteht in Ihnen unter der Wut das Empfinden, benachteiligt zu werden?

Wut ist häufig der Schutz für tiefere und verdrängte Emotionen. Deshalb geht es um Ehrlichkeit sich selbst gegenüber. Stellen Sie sich die Frage, was Sie wirklich fühlen. Was wird durch die Wut beschützt? Wenn Sie die Antwort auf diese Frage finden, müssen Sie nicht länger explodieren und andere Menschen durch Worte verletzen. Diese berühren Sie nur an unterdrückten Emotionen, die sich dadurch erkennen und auflösen lassen.

Aggressionsabbau durch Sport oder andere Aktivitäten

Es gibt Situationen, in denen sich die Wut sehr schnell entlädt, wir aber auch genauso schnell wieder zur Ruhe kommen. So regen wir uns bspw. über einen unfreundlichen und rücksichtslosen Verkehrsteilnehmer nur eine begrenzte Zeit auf. Im Auto fallen die entsprechenden Worte und am Abend wird der Familie das Vorkommnis noch einmal erzählt. Bis dahin ist die Wut meistens verpufft und der Vorfall berührt uns kaum noch.

Anders sieht es aus, wenn wir mit Situationen konfrontiert sind, die uns intensiver belasten. Jemand hat etwas über uns gesagt, was nicht stimmt. Eine geplante Urlaubsreise kann nicht angetreten werden. Der Nachwuchs verbaut sich durch seine Zensuren die Möglichkeit, auf das Gymnasium zu gehen. Oder das Auto hat am Morgen einen frischen Kratzer im Lack.

Innerhalb weniger Sekunden sind wir am oberen Blutdrucklevel. Zuerst schießen uns Gedanken durch den Kopf, was an der Situation verkehrt ist. In den meisten Fällen fühlen wir uns unterlegen und mit unseren Bedürfnissen nicht respektiert. Dann taucht die Frage auf, warum ausgerechnet uns das passiert. Je nach charakterlicher Tendenz verfallen wir anschließend in eine passive oder aggressive Opferhaltung und machen die Umstände oder andere Menschen für die Situation verantwortlich.

Eine gute Möglichkeit, um Wut in diesen Momenten abzubauen, sind sportliche Aktivitäten. Dazu kann auch ein Spaziergang gehören, bei dem Sie ruhig auch lauthals schreien können. Es geht darum, die pulsierende Energie in eine äußere Form zu bringen, die weder Ihnen noch anderen Menschen schadet. Manche Menschen machen in diesen Momenten Krafttraining und stemmen Hanteln. Andere gehen auf das Laufband. Liegestütze helfen ebenso wie laute Musik, zu der Sie tanzen können.

Im Sommer können Sie schwimmen gehen und zu anderen Jahreszeiten in die Joggingkleidung steigen. Putzen Sie die Fenster oder waschen Sie das Auto.

All diese Aktivitäten werden Ihnen helfen, die Wut zu kanalisieren und das Gedankenkarussell zu bremsen. Je mehr Sie sich gedanklich aufregen, desto mehr Wut erzeugen Sie, die nach einem physischen Ausdruck sucht. Was durch einen kleinen Aufhänger in Gang kam, kann sich zur neunköpfigen Hydra auswachsen und am Ende wissen Sie gar nicht mehr genau, worum es eigentlich ging. Wut hat die Aufgabe, unbewusste Dinge in der Psyche zu beschützen, damit diese erst zum passenden Zeitpunkt freigelegt und aufgearbeitet werden können.

Dementsprechend fällt auch die Intensität der Wut aus. Je mehr uns eine Situation emotional berührt, desto stärker und anhaltender ist die Wut Lenken Sie diese Energie jedoch in andere Bahnen, werden Sie die Erfahrung machen, dass Sie viel schneller als sonst auf Ihre rationalen Strukturen zurückgreifen können.

Statt stundenlangem Schimpfen hilft aktive Bewegung, die Energie umzulenken. Ihrem Kopf steht dadurch weniger Energie zur Verfügung, sich die negative Situation weiterhin in den schillerndsten Farben auszumalen, da die Wut in Bewegungsenergie umgewandelt wird.

Sie kennen dieses Phänomen aus eigenem Erleben. Wenn Sie wütend sind und mehrmals mit dem Fuß aufstampfen oder mit der Hand auf den Tisch schlagen, fühlt sich der Moment schon ein wenig besser an. Wut sorgt normalerweise dafür, dass wir uns im Raum bewegen, einen Feind angreifen und diesen vernichten. Dieser Impuls kommt aus ganz frühen Zeiten, als Menschen ihre Konflikte noch auf rein körperliche Weise lösten. Die ärgerlichen Gedanken erzeugen in einer Situation eine Menge Energie, die der physischen Verteidigung dient. Da sich der Mensch jedoch weiterentwickelt hat und heute seine Probleme durch Kommunikation lösen kann und sollte, muss die entstehende Energie anders ausgelebt werden. Wenn Sie also spüren, dass Wut in Ihnen aufsteigt, lassen Sie Ihre Mitmenschen wissen, dass Sie eine Auszeit brauchen, und verschaffen Sie sich Bewegung. Wenn Sie sich dabei richtig verausgaben, verbraucht sich die Wut und Sie werden feststellen, dass Sie im Anschluss wieder klar denken und sich der Situation auf sachliche Weise stellen können.

Die eigene Wut verstehen und diese sozialverträglich zulassen

Wut ist etwas Menschliches und macht uns auf gewisse Vorgänge in unserem Denken aufmerksam. Sie zeigt uns unbewusste Muster und hilft dadurch, die menschliche Psyche zu heilen. Was dieser Emotion einen negativen Ruf einbringt, ist die Tatsache, dass wir mit unserer Wut meist andere Menschen verletzen. Sei es verbal oder auch handgreiflich.

Ein kleines Kind lässt sich schreiend auf den Boden fallen, wenn es seinen Willen nicht bekommt. Da sein Intellekt noch nicht ausgereift ist, wird ihm diese Ausdrucksweise zugestanden. Als Erwachsene sollten wir uns anders benehmen und nicht gewaltsam oder manipulativ auf unserem Recht bestehen. Das setzt allerdings voraus, dass wir unsere Emotionen kennen und uns mit ihnen auseinandergesetzt haben. Dies ist allerdings bei nur wenigen Menschen der Fall – die meisten von uns wissen ihre Gefühle nicht zu deuten und kennen die Ursachen der Emotionen nicht.

Es beginnt schon bei kleinen Sätzen. Die Aussage, dass wir ***„blöd seien"***, hören wir in jungen Jahren nicht nur von anderen Kindern. Im selben Augenblick regt sich der innere Widerstand, denn diese Aussage bewirkt, dass wir uns schlecht fühlen. Jede Bewertung, jede Zensur, jeder Vergleich mit anderen Menschen sorgt dafür, dass wir uns (in den meisten Fällen) minderwertig fühlen. Da das nicht dem tiefsten seelischen Zustand des Menschen entspricht, meldet sich Widerstand in Form von Wut.

Jedes Wort berührt uns in Form unsichtbarer Energie, die sich spüren lässt. Werden wir verbal abgekanzelt, fühlen wir uns innerhalb von Sekunden schlecht. Lob und Anerkennung verursachen dagegen angenehme Gefühle und Gedanken. Das Leben endet nicht an der physischen Außenhaut, die wir bei einer Bedrohung gewaltsam verteidigen würden. Auch die nicht-physische Ebene der Gedanken und Gefühle wird geschützt, wenn diese ***„angegriffen"*** wird.

Wut funktioniert dabei als Schutzmechanismus, um bspw. negative Aussagen über die eigene Person zu blockieren, damit diese Energien nicht in Ihren Körper dringen können.

Mit dem Wissen, dass Wut eine abwehrende und Sie schützende Energie ist, können Sie die nächste Situation anders meistern. Wenn eine Situation eskaliert und Sie das Bedürfnis verspüren, Ihr Gegenüber anzuschreien oder diesem wehtun zu wollen, drehen Sie sich um und verlassen das Zimmer. Innerhalb der Familie können Sie dieses Vorgehen im Vorfeld besprechen und mitteilen, dass Sie mit Ihrer Wut anders umgehen wollen. Ist niemand da, an dem Sie die Wut auslassen können, müssen Sie sich selbst mit ihr beschäftigen. Es ist ja auch ***„Ihre"*** Wut und nicht die eines anderen.

Verlassen Sie die auslösende Situation, gehen Sie in ein anderes Zimmer und lassen Sie dort der Wut ihren Lauf. Schlagen Sie auf ein Kissen ein, hüpfen Sie herum und schimpfen Sie laut. Dadurch bekommt die Wut ihren Ausdruck, aber andere Personen werden nicht verletzt. Erklären Sie Ihrer Familie, dass Sie Ihre Wut nicht länger an ihnen auslassen wollen und daher einen Moment für sich allein brauchen. Besonders Kinder werden dieses Vorgehen verstehen, da ihnen diese täglichen Gefühle vertraut sind.

Während Kleinkinder laut brüllen, sich hinwerfen und strampeln oder mit ihren kleinen Fäusten auf den Erwachsenen losgehen, um ihren Frust auszudrücken, können Sie damit anfangen, ein Kissen zu traktieren oder die Wut durch körperliche Beanspruchung zum Ausdruck zu bringen. Auf diese Weise projizieren Sie diese nicht auf andere Menschen. Je öfter Sie diesen Prozess bewusst anschieben, desto leichter nehmen Sie das Aufflackern von Wut schon im Ansatz wahr. Dann kontrolliert dieses Gefühl nicht länger Sie, sondern Sie übernehmen die Verantwortung für Ihre Gefühle und leben diese auf eine vernünftige und angemessene Weise aus.

Wut und die eigene Reizbarkeit - Stress abbauen

Stress wird durch eigene Gedankenmuster hervorgerufen, die sich auf eine konkrete Situation beziehen. Da wir gelernt haben, uns ständig mit anderen Menschen oder Vorgaben zu vergleichen, kommen wir nicht zur Ruhe. Erst wenn wir unseren ***„Wert“*** selbst und ohne Vergleich definieren, wird Stress in unserem Leben kein Thema mehr sein. Bis dahin sind Reizbarkeit, Wut und Minderwertigkeitsgefühle unsere ständigen Begleiter.
Könnten wir bereits in jungen Jahren die Überzeugungen ausbilden, dass wir im Kern unseres Daseins gute Menschen sind, die sich in jeder Situation selbst helfen können, hätten wir ein positives Selbstwertgefühl entwickelt. Dann wäre Stress ein Fremdwort - Denn wie kann eine Situation stressig sein, wenn wir jederzeit wissen, was zu tun und zu lassen ist und wir dies auch ganz praktisch umsetzen können?

Stress und Reizbarkeit entstehen nur dann, wenn wir uns den Umständen oder den Menschen nicht gewachsen fühlen.

- ***Wir haben eine Prüfung zu absolvieren und zweifeln, dass wir es schaffen.***
- ***Das Zusammenleben mit dem Partner gestaltet sich schwierig und wir denken, dass wir den falschen Menschen gewählt haben.***
- ***Wir fühlen uns in unserem Beruf nicht richtig aufgehoben und denken, dass es zu spät ist, um neu zu beginnen.***
- ***Der Arzt diagnostiziert eine unheilbare Krankheit und wir fassen diese als ein in Stein gemeißeltes Urteil auf.***
- ***Wir sehen uns einer Aufgabe gegenübergestellt und fühlen uns im ersten Moment handlungsunfähig.***

Der daraus entstehende Stress äußert sich in Form von Ängsten, Hilflosigkeit und Ärger.

Im Umgang mit der Außenwelt stoßen wir vielfach auf Probleme. Diese Erfahrung macht uns reizbar und erzeugt Stress. Wir sind anscheinend nicht gut genug, um das Leben nach unseren Vorstellungen im Griff zu haben. Die Erfüllung unserer Bedürfnisse scheint immer von anderen Menschen abzuhängen oder ist an Vorgaben gebunden, die wir im Einzelfall vielleicht nicht erfüllen können. Das Leben mit all seinen wunderbaren Möglichkeiten scheint manchmal eine Mohrrübe zu sein, die vor uns hängt, die wir aber nur selten erreichen.

Ist dieser Zustand dauerhafter Natur, macht er uns wütend. Niemand möchte ständig versagen. Sei es in großen Dingen, welche die eigene Existenz berühren oder bei Kleinigkeiten, die sich tagtäglich wiederholen. Daher ist es wichtig, dass wir wissen, wann sich die Wut in uns zu melden beginnt und in welchen Situationen wir immer wieder in Rage geraten. Haben wir die Auslöser gefunden, geht es darum, diese zu vermeiden, sofern es die Situation zulässt. Menschen können wir im Berufsleben nicht aus dem Weg gehen, aber wenn wir die Arbeit, die wir tun, nicht lieben, sollten wir den Job wechseln.

Wenn das Einkaufen zusammen mit dem Nachwuchs nervenaufreibend ist, müssen wir uns anders organisieren. Vielleicht kann jemand am Wochenende auf unser Kind aufpassen, während wir den Wocheneinkauf allein erledigen. Stellen wir das Wohlergehen unserer Familie an die erste Stelle und kommen selbst zu kurz, ist es nur eine Frage der Zeit, bis der angesammelte Stress als Wut aus uns hervorbricht. Hier braucht es den Mut, freie Zeit für sich selbst einzufordern und die Familie auch einmal loslassen, um auftanken zu können.

Wenn es stressvoll ist, sich mit den Hausaufgaben des Kindes auseinanderzusetzen, sorgen Sie für eine Nachhilfekraft.

Bleibt der Toilettendeckel nach den männlichen Familienmitgliedern ständig offen, kaufen Sie einen Deckel, der automatisch schließt. Können Sie sich nicht auf ein gemeinsames Ferienziel einigen, notieren Sie alle Vorschläge und losen Sie aus, welcher Ferienort in welchem Jahr bereist wird.

Ärger vermeiden durch die Änderung von Abläufen

Geht es um zeitliche Verbindlichkeiten, ist Ärger vorprogrammiert.

- ***Die Kinder müssen früh aus dem Bett und sind noch müde.***
- ***Am Wochenende möchten Sie ausschlafen, der Nachwuchs ist dagegen mit den ersten Sonnenstrahlen wach.***
- ***Sie sind allein für das Putzen des Bades zuständig?***
- ***Die abendliche Runde mit dem Hund bleibt immer an Ihnen hängen?***
- ***Im Job werden Ihnen immer bestimmte Aufgaben zugewiesen, um die sich die anderen drücken?***

Erkennen Sie sich in den genannten Beispielen wieder? - Dann ist es Zeit, den eigenen Wert und die Erwartungen zu hinterfragen. Wenn Sie spüren, dass Sie die Dinge gerne anders tun und einteilen würden, haben Sie Gesprächsbedarf. Das erfordert etwas Mut, denn nicht immer sind die Personen, die es in der Situation ebenfalls betrifft, über Veränderungen erfreut. Wenn Sie jedoch merken, dass Ihnen bestimmte Situationen immer wieder Ärger bereiten und Stress allein dadurch entsteht, dass Sie an den kommenden Moment denken, ist es Zeit zum Handeln.

Ihr Nachwuchs kommt morgens nicht aus dem Bett und Sie müssen ihn zur Schule fahren? Machen Sie deutlich, dass Sie nicht länger der Chauffeur sind, wenn die Mitfahrenden nicht pünktlich an der Tür stehen. Möglicherweise kommt Ihr Kind auf diese Weise ein oder zwei Tage zu spät zur Schule, weil es ohne Sie auf den Bus angewiesen ist. Danach sollte das Problem mit der Unpünktlichkeit jedoch gelöst sein.

Das funktioniert natürlich nur, wenn es Ihrem Kind unangenehm ist, zu spät in den Unterricht zu kommen. Ansonsten verzichtet der Nachwuchs sicher gerne auf eine Stunde Unterricht.

Sie möchten mehr Hilfe im Haushalt von Ihrer Familie? Seien Sie nicht wütend darüber, dass Sie alles allein machen müssen, stellen Sie lieber Regeln auf. Wut entsteht, wenn wir uns in einer Situation befinden, die wir als unangenehm empfinden. Aber Ihre Unzufriedenheit über eine Situation löst das Problem nicht. Sie werden nicht mehr Hilfe bekommen, weil Sie wütend sind. Die Arbeit wird sich erst dann auf mehreren Schultern verteilen, wenn Sie einen Plan machen, bei dem jedes Familienmitglied passende Aufgaben erhält. Gerade Mütter neigen dazu, das gesamte Gewicht der Welt ganz sprichwörtlich auf sich zu nehmen. Dabei ist das gar nicht notwendig.

Legen Sie fest, wer am Wochenende welchen Pflichten nachkommen soll, und formulieren Sie von Anfang an die Konsequenzen, wenn sich jemand nicht an die Vereinbarungen hält. Auf diese Weise tun Sie sich und den anderen Menschen einen Gefallen.

Zeitliche Vorgaben schaffen eine klare Vereinbarung, die kontrolliert und mit Sanktionen belegt werden kann, wenn die Vorgaben nicht eingehalten werden. In diesen Momenten ist es oft die Wut, die uns deutlich macht, dass wir in unserem Leben etwas verändern und erwachsener werden sollten. Statt ständig gestresst und ärgerlich zu sein, sollten alle Familienmitglieder in die anstehenden Arbeiten mit einbezogen werden.

Hier müssen wir über uns hinauswachsen, denn oft folgen wir einem Rollenverhalten und wundern uns, weshalb wir uns damit nicht wohlfühlen.

Das gilt in den eigenen vier Wänden ebenso wie im Berufsalltag. Fühlt sich etwas unangenehm an, müssen wir fragen, worum es geht und unter Umständen dafür sorgen, dass sich Abläufe ändern.

Manchmal haben wir keine Lust auf bestimmte Aufgaben, die aber nichtsdestotrotz dennoch erledigt werden müssen. In diesen Fällen müssen wir uns mehr um unsere Einstellung kümmern und versuchen, der Situation oder dem Menschen etwas Gutes abzugewinnen. Geht es jedoch um Organisatorisches oder um das Delegieren bestimmter Tätigkeiten, ist unser Handeln gefragt.

Natürlich kann es dabei zu Diskussionen mit den Menschen kommen, die von unseren geplanten Änderungen betroffen sind. Vielleicht ist es genau dieser Aspekt, weswegen Sie es bisher vermieden haben, Forderungen zu stellen. Wir müssen uns dann mit den Meinungen und Vorstellungen anderer auseinandersetzen und das ist nicht immer leicht. Es ist einfacher, eine ungeliebte Situation zu erdulden und wütend auf sich selbst und sein Umfeld zu sein. Einem erwachsenen Verhalten entspricht es jedoch, über die eigene Unzufriedenheit zu sprechen und zu erwarten, dass die zu erledigenden Arbeiten auf alle aufgeteilt werden. Dabei kann es Kompromisse geben, solange alle Seiten gleichberechtigt ihren Part übernehmen.

Die Wut verstehen lernen sowie die Richtung und Intensität kontrollieren

Wut zeigt uns, dass wir für einen Moment nicht im Einklang mit uns selbst leben. Wunsch und physische Realität stimmen nicht überein und lösen Frustration und Stress in uns aus. Zunächst stellen wir fest, dass wir mit unserem Handeln nicht ans Ziel gelangt sind. Daraufhin können wir einen erneuten Anlauf nehmen, um zum Ziel zu gelangen, infolgedessen auch die Wut verfliegt. Sind uns jedoch die Hände gebunden, beginnt etwas in uns zu kochen.

Diese Energie zeigt an, dass wir uns mit der Situation nicht zufriedengeben, und das ist in den meisten Fällen auch gut. Stellen Sie sich bspw. vor, jemand nennt Sie faul. Im gleichen Augenblick schießt Wut in Ihnen hoch, weil diese Aussage nicht stimmt. Vielleicht haben Sie eine Aufgabe nicht zur Zufriedenheit ihres Arbeitgebers ausgeführt.

Vielleicht haben Sie einen Tag nicht abgewaschen oder aufgeräumt. Sind Sie deswegen ***„faul"***? Ganz sicher nicht. Womöglich gibt es sogar triftige Gründe, die Ihr Handeln begründen. Deswegen meldet sich im ersten Moment die Wut, die diese Aussage in nonverbaler Weise zurückweist.

Das bedeutet, dass wir Wut in vielen Fällen als etwas Positives sehen können. Sie ist ein physisches Signal, das uns erinnert, wer wir wirklich sind, wenn etwas Negatives und Unwahres über unsere Person ausgesprochen wird. Idealerweise sollte uns die Wut dann helfen, die negative Aussage nicht anzunehmen. Stattdessen werden wir in vielen Fällen verbal oder handgreiflich aktiv. Dies müsste nicht sein, wenn wir unsere Wut verstehen würden.

Nehmen wir noch einmal das Beispiel, dass Ihnen jemand sagt, Sie seien faul. Diese Aussage bindet sich an eine konkrete Begebenheit, in der Sie nicht das gemacht haben, was Sie versprochen hatten oder was jemand von Ihnen erwartete. Wir sprechen also von einer einmaligen Begebenheit oder einer sich wiederholenden Sache. - Aber niemals von jeder Minute eines ganzen Tages.

Ja, jemand hat den Finger auf ein Geschehen gelegt, bei dem Sie nicht der Mensch waren, der Sie sein wollten oder sollten. Sind Sie deswegen faul? Nehmen wir an, die betreffende Person kommt zu dieser Aussage, weil Sie dreimal in einer Woche Ihr Arbeitspensum nicht erfüllt haben. Der Satz bezieht sich also nur auf die Arbeit und auch dort nur auf eine ganz bestimmte Aufgabe. Was war am restlichen Tag?

- Waren Sie ***„zu faul"***, um zur Arbeit zu gehen?
- Waren Sie ***„zu faul"***, um von der Arbeit nach Hause zu fahren?
- Waren Sie zu ***„faul"***, um Ihrer Familie das Abendessen zu machen?
- Waren Sie ***„zu faul"***, um abzuwaschen?
- ***„Zu faul"***, um das Bett zu machen?
- Die Kinder ins Bett zu bringen?
- Mit jemandem zu telefonieren?
- Zu duschen?

Sie werden die Fragen ganz sicher verneinen. Also - sind Sie faul, weil es eine Begebenheit gab, bei der Sie nicht wie gewohnt oder erwünscht funktionierten? Nein!

Wie sollten Sie mit einer solchen Situation umgehen?

Sie spüren den ersten Impuls der Wut, der Ihnen sagen will, dass die negative Aussage bezüglich Ihrer Person nicht stimmt. Der Gedanke, dass Sie kein schlechter Mensch sind, wird Ihnen helfen, sich zu beruhigen. Dann schauen Sie sich an, ob die Person mit ihrer Aussage in Bezug auf die konkrete Situation richtig liegt. Haben Sie Ihre Arbeit korrekt erfüllt – lautet hier die Antwort ***ja*** oder ***nein***? Wenn Sie ***Nein*** lautet, so fragen Sie sich bitte selbst, warum Sie Ihre Arbeit nicht richtig gemacht haben. Gab es konkrete Ursachen dafür - Krankheit, Ärger in der Familie, finanzielle Sorgen oder einen anderen Faktor, der Ihre Gedanken in Anspruch nahm, sodass Sie sich nicht konzentrieren konnten?

Schauen Sie Ihr Gegenüber ruhig an und sagen Sie ihm, dass Sie in der Tat einen oder mehrere schlechte Tage hatten und woran das lag. Gab es keinen ersichtlichen Grund, tauchen Sie für einen Moment in Ihre Gefühle. Vielleicht ist die mangelnde Arbeitsleistung ein sichtbarer Ausdruck für Ihre Abneigung gegenüber dem Arbeitsplatz. Wenn dies der Fall ist, sollten Sie über Konsequenzen nachdenken.

Wie auch hier ersichtlich ist, macht uns das Gefühl von Wut darauf aufmerksam, wer wir wirklich sind. Wenn wir dies nicht erkennen, nehmen wir nur eine unwahre Behauptung wahr, gegen die wir uns wehren wollen. Arbeiten wir jedoch konstruktiv mit der Wut, nehmen wir diese als Indikator wahr, der uns auf etwas aufmerksam machen möchte. Dann braucht es nur noch den Mut, genau hinzuschauen, worum es wirklich geht. Das ist es, wozu Wut uns bringen vermag – nämlich, ein ehrlicher und authentischer Mensch zu sein.

Die Akzeptanz von Wut und Depression als Voraussetzung für ein besseres Leben

Wie wir gesehen haben, kann Wut uns von Nutzen sein und uns persönlich weiterbringen, wenn wir richtig mit ihr umgehen. Betrachten wir die Wut genauer, werden unbewusste Dinge, Handlungsmechanismen und Überzeugungen sichtbar, zu denen wir bislang keinen Bezug hatten. Plötzlich wird klar, warum wir immer wieder auf den gleichen Satz anspringen und dass dieser im eigentlichen Sinn gar nichts Negatives meint.

Kommen wir noch einmal auf die Person zu sprechen, welche uns als ***faul*** abstempelt. Haben wir die Ursache unseres ***„faulen"*** Verhaltens erkannt und hatte es einen triftigen Grund, dass wir die uns gestellte Aufgabe nicht mit vollem Einsatz erledigt hatten, wissen wir, dass wir nicht faul sind. Mit diesem Wissen kann die Wut vollkommen versiegen, weil wir uns nicht mehr gegen diesen Vorwurf wehren müssen. Wir sind nicht faul und es reicht völlig aus, wenn wir das wissen. Wir müssen niemanden überzeugen, dass dem so ist.- Nur uns selbst.

Sind wir zu diesem Schluss gekommen, geht es uns wieder gut. Dann ist es egal, was andere Menschen über Sie sagen. Die Wut wird sich nicht mehr zeigen, weil Sie mit sich im Reinen sind. Diese Erfahrung macht auch deutlich, dass es im Leben ausschließlich auf die eigenen Überzeugungen ankommt.

Denkt jemand negativ über Sie, müssen Sie sich fragen, was Sie über sich selbst denken. Zunächst wehren wir die Aussage eines anderen Menschen ab, weil sie uns negativ erscheint. Sind wir jedoch in der Lage, uns selbst gewahr zu werden, wer wir sind, müssen wir die Person, welche die negative Aussage über uns getätigt hat, nicht länger bekämpfen.

Auf diese Weise kann sich eine Situation oder gar das ganze Leben in positiver Weise verändern. Statt sich der Wut auszuliefern, was oftmals mit Schreien, Weinen oder Handgreiflichkeiten endet, können wir die Wut uns zunutze machen. Denn nehmen wir diese als eine Art Hinweisschild oder als Indikator wahr, muss sie uns nicht länger überrollen. Gleichzeitig zwingt uns die Wut, nach den wahren Hintergründen zu schauen. Denn wenn es an einer Stelle im Leben klemmt, darf diese Situation nicht verallgemeinert werden.

Wir sind nicht schlecht

Manchmal tun wir einfach Dinge, die einem intelligenten Wesen nicht gerecht werden. Das bedeutet aber nicht, dass wir als Mensch deswegen schlecht sind. Wir verhalten uns zwar ab und an nicht in der Weise, wie wir es tun sollten. Das falsche Verhalten löscht jedoch nicht das Gute im Menschen aus.

Vielmehr will uns unsere Wut etwas sagen. Möglicherweise leben wir in einer falschen Beziehung, oder wir umgeben uns mit falschen Menschen oder aber wir haben nicht den richtigen Beruf. Hier macht sich Wut bemerkbar und möchte auf Missstände aufmerksam machen.

Sie zwingt uns, dass wir die Wahrheit über uns selbst herausfinden, dass wir uns mit unseren individuellen Schwachstellen auseinandersetzen. Diese können verschiedener Art sein.

Dass wir bspw. etwas tun, was wir gar nicht wollen. Oder dass wir etwas tun sollten, wo wir bisher still abwarten und uns teilweise die Wunden lecken.

Manchmal hilft uns Wut auch dabei, wieder aufzustehen und einen ersten Schritt zu machen. Bei einer Depression kann das sehr hilfreich sein, denn Gefühle der Melancholie, der Hilflosigkeit und Trauer richten sich nach innen.

Kommen wir in diesem Zustand mit Wut in Berührung, weil wir in eine unliebsame Situation geraten oder uns ein Therapeut mit uns selbst konfrontiert, kann die Wut neuen Lebenswillen entstehen lassen.

Wut als etwas Positives sehen - Umwandlung von Wut in Kraft und Kreativität

All das bedeutet, dass es immer auf unseren Umgang mit uns selbst und unseren Gefühlen ankommt. Wut kann uns viel Lebenskraft rauben, wenn wir wütend und aggressiv durchs Leben gehen. Bluthochdruck, eine eingeschränkte Atmung und Herzerkrankungen werden nicht lange auf sich warten lassen, weil der menschliche Körper dauerhaft von Stresshormonen durchflutet wird. In diesem Fall lassen wir uns von der Wut überrollen und werden Teil dieser Energie. So sollte es nicht sein, denn die Emotion sollte bestenfalls nur ein Indikator auf einen versteckten Umstand sein, der uns noch nicht bewusst ist.

Wir erschaffen uns selbst Probleme, wenn wir es der Wut erlauben, sich in Form von lautem Schreien oder Handgreiflichkeiten auszudrücken. Dann ist die Emotion zwar ausagiert, aber das Geschehen wird Konsequenzen haben. Nutzen wir Wut jedoch als einen Hinweis darauf, dass etwas Unbewusstes gesehen werden möchte, bekommt der gesamte Prozess eine positive Richtung.

Sie kennen sicher das Gefühl, Ihr Potenzial ein wenig zurückzuhalten und dieses nicht voll einzusetzen. Sie trauen sich bspw. bestimmte Dinge einfach nicht zu, obwohl Sie diese noch nie ausprobiert haben. Ursachen für dieses Verhalten gibt es viele. Vielleicht gab es zu viele Enttäuschungen in anderen Bereichen in Ihrem Leben. Möglicherweise wurde Ihnen oft gesagt, dass Sie etwas Konkretes nicht machen können, weil Sie dafür zu groß, zu klein, zu jung, zu alt, zu unerfahren oder aber zu überqualifiziert sind. Diese Erfahrungen können schnell dafür sorgen, dass wir den Kopf in den Sand stecken und uns ins Schneckenhaus zurückziehen. Dann wachsen wir nicht weiter über uns hinaus und bleiben auf einem Level stehen, von dem wir uns eigentlich weiterbewegen sollten.

In diesen Fällen kann Wut eine kreative Kraft in Gang setzen, die uns aus den auferlegten oder den selbst gesetzten Grenzen befreit.

Wir sind hierbei immer von Grenzen umgeben, da Überzeugungen den Menschen immer in einen Kontext zu seiner Umgebung stellen. Wir sollen uns aber wie eine Knospe oder einen Schmetterling entfalten und das bedeutet auch, jeden Tag ein Stück über sich selbst hinauszuwachsen.

Wir können lange in einem Entwicklungsstadium verharren. Aber wie beim Schmetterling kommt auch bei uns der Tag, an dem wir fliegen und die bekannte Komfortzone verlassen müssen. Ganz freiwillig wird das nicht immer passieren. Meist nehmen die Umstände unangenehme Formen an, die uns dann veranlassen, weiterzugehen. Zunächst werden wir wütend. - Auf die Umstände, die Mitmenschen und nicht zuletzt auch auf uns selbst. Doch die Energie dieser Wut ist die Motivation für den Schritt auf die nächste Ebene. Was wir uns heute noch nicht zugetraut haben, gehört schon morgen zu unserem Alltag. - Bis der Raum erneut zu eng wird.

Je öfter wir diesen Prozess leben, desto einfacher wird es für uns. Anfangs werden wir die Wut ausagieren und erst hinterher wird uns bewusst, dass uns diese Energie überrollte. Je intensiver wir uns auf die ersten Anzeichen von Wut oder ihre Auslöser konzentrieren, desto eher werden wir die ersten Signale wahrnehmen. In diesem Zusammenhang stellt sich immer die Frage, vor welchem unbewussten Inhalt uns die Energie schützen will und ob wir wissen wollen, welche Überzeugungen sich dahinter verstecken. Üben wir uns in dieser Achtsamkeit, werden stressvolle Situationen bald kein Thema mehr sein. Haben wir einen Fehler gemacht, müssen wir nicht länger wütend werden, wenn uns jemand darauf aufmerksam macht. Es macht unser Selbstwertgefühl nicht mehr kleiner, wenn wir die Tatsache zugeben, bei irgendeinem Aspekt ***„versagt“*** zu haben. Da wir uns nicht länger wehren müssen, entwickelt Wut eine ganz andere Qualität. Sie ist nicht länger die aufbrausende Energie, die alles mit sich reißt. Sie wird eher zu einem sanften Stupser, der dafür sorgt, dass wir uns eine Situation genauer ansehen. Sie wird ein Freund, der uns zeigt, wo wir über uns hinauswachsen können und sollten.

Die Balance zwischen Wut und Gleichgültigkeit finden

Wir geraten oft in Situationen, die unsere Wut hervorrufen. Nicht selten unterdrücken wir jedoch die Wut, weil es scheinbar keine Lösung für das die Wut auslösende Problem gibt. Wer diese Momente häufiger erlebt oder durch äußere Umstände gehindert wird, seine Überzeugungen zu leben, gibt unter Umständen auf und verfällt in Gleichgültigkeit. Denn wir können nicht alle Dinge ändern, die nach unserem Empfinden falsch sind. Ebenso sind wir mit Gesetzen konfrontiert, die sich nicht immer an der Gerechtigkeit oder dem gesunden Menschenverstand orientieren. Daran lässt sich oftmals nichts ändern, aber diese Situationen haben nichtsdestotrotz eine bestimmte Wirkung auf uns.

Wenn wir an einer Stelle im Leben nicht weiterkommen und etwas leben müssen, was sich nicht mit unseren Ansichten deckt, gibt es verschiedene Möglichkeiten, wie wir handeln können. Einerseits können wir akzeptieren, dass sich eine Situation nicht ändern lässt, und infolgedessen unterdrücken wir unseren Ärger. Andererseits können wir uns mit der belastenden Situation nicht zufriedengeben und gehen aktiv gegen diese Situation vor. Beide Handlungsmöglichkeiten können nachteilige gesundheitliche Folgen für uns haben, je nachdem wie stark wir uns in die Situation ***„hineinsteigern“***.

So ist das, was wir verdrängen, immer noch in unserem Unterbewusstsein vorhanden. Wir müssen ständig Energie aufbringen, um nicht mehr an das Verdrängte zu denken. Diese Energie fehlt dann für die natürlichen Erhaltungsprozesse des Körpers und der Seele und infolgedessen kann es zu psychischen Beschwerden wie Angstzuständen oder Depressionen kommen.

Auch psychosomatische Beschwerden können auftreten. Gehen wir hingegen aktiv und über einen langen Zeitraum gegen eine Situation vor und lassen uns von der Wut leiten, überfluten wir unseren Körper mit Stresshormonen wie Adrenalin, Noradrenalin und Cortisol. Die Ausschüttung von Stresshormonen ist in der Evolutionsgeschichte jedoch nur für einen bestimmten Zeitraum vorgesehen. Kurzzeitig ist die Ausschüttung von Stresshormonen sinnvoll, um unserem Körper ***„Kampf"*** oder ***„Flucht"*** zu ermöglichen. Nach einiger Zeit sollte aber wieder die Ausschüttung von Stresshormonen vom Körper runtergefahren werden, die Wut sollte verflogen sein, damit der Mensch wieder zu seinem Gleichgewicht und zu seiner inneren Balance zurückfinden kann. Steht der Mensch aber ständig unter ***„Strom"***, ist er dauernd und lang anhaltend wütend, so können sich ernste körperliche und seelische Krankheiten entwickeln. Jeder kennt die Auswirkungen von Wut auf den eigenen Körper. Der Blutdruck steigt, das Gesicht läuft rot an, die Atemmuster verändert sich und der gesamte Körper ist angespannt. Infolgedessen kann es zu bspw. zu Kopfschmerzen und Nackenverspannungen kommen. Im weiteren Verlauf verändern sich die Gefäße im Körper, es kommt zu Herzkrankheiten und Bluthochdruck. Auch der Verdauungsapparat leidet, es kann zu Magenschmerzen und Durchfall kommen. Die sprichwörtliche Aussage, dass einem die Zornesader an der Schläfe schwillt, beschreibt sehr gut, was im Körper passiert.

Wie finden wir aber die Balance zwischen der aufsteigenden Wut und dem Verdrängen von dieser ins Unterbewusstsein, wenn doch beide Strategien unserer Gesundheit schaden? Hier helfen Achtsamkeit und das Beobachten der eigenen Gefühle, denn nur, was uns bewusst ist, können wir auch verändern.

Konkret ist dies so zu verstehen: Wenn uns die Wut überkommt, dürfen wir diese nicht überhandnehmen lassen oder uns gar zu aggressiven Handlungen oder verbalen Angriffen gegenüber anderen Menschen hinreißen lassen. Sobald wir die Energie der Wut spüren, wie sie in uns aufsteigt, müssen wir uns selbst sagen, dass diese etwas Wichtiges in uns freisetzen will.

Vielleicht geht es um einen konkreten Satz, den wir ohne diese Energie nie über die Lippen bringen würden. Oder wir können mithilfe der Wut etwas Bestimmtes tun, vor dem wir uns schon lange drücken.

Wir sollten uns also fragen, was die Wut ins uns bewirken soll, anstatt dass wir auf den Auslöser, der in den meisten Fällen ein anderer Mensch ist, schauen.

Dadurch bleiben wir bei uns und müssen andere Menschen nicht anschreien, beleidigen oder gar physisch attackieren.

Ist es jedoch unsere Strategie, in solchen emotional aufgeladenen Situationen eher wegzulaufen oder zu verdrängen, sollten wir uns beim nächsten Aufsteigen der Wut fragen, wovor wir uns fürchten oder was wir vermeiden wollen. Auf diese Weise können wir möglicherweise verhindern, dass wir in der nächsten Situation, welche Wut auslöst, verhindern, dass wir dem vorliegenden Problem zu passiv entgegentreten.

Die Wut auf andere zu richten oder aber diese zu unterdrücken, wird immer zu Problemen und zu unkontrollierten Handlungen führen. Wenn wir die Energie hingegen mit Achtsamkeit im Prozess ihres Entstehens wahrnehmen, liegt es in unserer Macht, diese zu lenken.

Die Situation lässt sich indes nur beherrschen, wenn wir uns auf die Wut konzentrieren und diese durch die Fragen nach dem Hintergrund lenken können.

Warum Wut einen schlechten Ruf hat

Wenn der Begriff ***„Wut"*** fällt, haben wir sofort ein konkretes Bild vor Augen. Männer, die aggressiv und unkontrolliert herumschreien, mit der Faust auf den Tisch hauen oder jemanden schlagen. Das typische Bild von Wut ist also männlich geprägt, obwohl Wut in jedem Menschen vorhanden ist.

Da Wut mit Gewalt assoziiert wird, hat sie einen negativen Ruf, denn Gewalt hat nichts mit unserem natürlichen Wesen zu tun.

Der Fehler liegt hierbei in der Ansicht, dass Wut eine destruktive Energie ist, die keine positiven Ergebnisse bringt. Hier müssen wir sauber trennen, denn Wut hat ursprünglich nichts mit physischer Gewalt gegenüber anderen Menschen zu tun. Diese Situationen treten erst dann auf, wenn die Wut nicht korrekt verstanden und auf ein Gegenüber projiziert wird.

Gewalt bedeutet immer eine Verletzung. Dabei muss es nicht zwangsläufig ein anderer Mensch sein, dem jemand Gewalt antut. Wir verletzen uns tagtäglich selbst, indem wir uns folgenden Gedanken aussetzen:

- Ich bin dumm.
- Ich kann das nicht.
- Die anderen sind besser als ich.
- Das ist zu schwierig für mich.
- Ich werde das nie erreichen.

Mit solchen Sätzen machen wir uns kleiner, als wir sind und berauben uns selbst unserer Fähigkeiten und Chancen. Allerdings ist den meisten Menschen nicht bewusst, dass sie sich auf solche Weise psychische Gewalt antun. Wut wird immer mit nach außen gerichteter Gewalt assoziiert.

Da Frauen gemeinhin erduldsamer sind als Männer und man mit Frauen eher Sanftmut und Selbstbeherrschung assoziiert, ist Wut beim weiblichen Geschlecht noch weniger akzeptiert als bei Männern.

Während es bei Männern mitunter auch für ***normal*** gehalten wird, dass diese ihrer Wut freien Lauf lassen, schlucken viele Frauen ihren Ärger runter und schweigen in Situationen, die eigentlich ein Handeln erfordern. Dieses Stillhalten hat auch einen ganz praktischen Hintergrund. Üblicherweise sind Männer physisch stärker als Frauen, was zur Folge hat, dass Frauen sich eher unterordnen und ihrer Wut keinen Ausdruck verleihen.

Dabei geht es auch immer um die Art und Weise, wie Wut ausgedrückt wird. Natürlich ist es nicht gerne gesehen, wenn Frauen schreiend und um sich schlagend durch die Gegend laufen, um ihrer Wut Ausdruck zu verleihen. Der negative Eindruck von Wut entsteht dann dadurch, dass diese Energie zu Handlungen führt, unter denen andere Menschen zu leiden haben. So ist es immer zu vermeiden, sich mit physischer Dominanz Gehör zu verschaffen.

Verstehen wir dagegen, dass es bei unserer Wut um unser Denken, Fühlen und Handeln geht und nicht um eine andere Person, wird sich aus Wut auch keine Gewalt entwickeln können. Dann ist die Wut lediglich ein Indikator, der uns die nötige Energie verleiht und uns zeigt, was zu tun und zu lassen ist.

Um ihre Wut auszudrücken, können Frauen (und Männer) infolgedessen auf ganz andere Weise agieren.

Wut als Antriebskraft für gesellschaftliche Veränderungen

Veränderungen innerhalb der Gesellschaft beginnen mit der Unzufriedenheit der Menschen. Im Menschen rührt sich meist erst dann Widerstand, wenn es an die eigene Komfortzone geht. Dazu gehören existenzielle Themen, aber ebenso persönliche Überzeugungen und Werte, die durch die Gesellschaft beschnitten werden. Sollen wir bspw. etwas akzeptieren, was unseren Wertvorstellungen zutiefst widerstrebt, kommt der Moment, an dem sich alles im Menschen zur Verteidigung und zum Angriff aufbäumt.

Ein Beispiel hierfür wäre die soziale Ungerechtigkeit in der heutigen Gesellschaft. Es gibt mittlerweile auch viele Menschen, die diese Aspekte kritisieren, obwohl sie von den Auswirkungen nicht direkt betroffen sind. Noch immer werden Frauen bspw. im gleichen Beruf und bei gleicher Leistung schlechter bezahlt als Männer.

Auch unser Schulsystem, das nach zehn Jahren Jugendliche ins Leben entlässt, die weder richtig lesen noch schreiben können, sorgt bei vielen Menschen für Entrüstung.

Das Arbeitsleben wird für viele Menschen ebenfalls immer belastender, muss doch in vielen Fällen immer mehr Arbeit von immer weniger Arbeitnehmern geleistet werden. Das Anheben des Renteneintrittsalters sorgt insbesondere bei körperlich hart arbeitenden Menschen für Unmut. Zudem reicht die Rente in vielen Fällen nicht aus, um einen würdigen Lebensabend zu verbringen.

Menschen sehen diese Ungerechtigkeiten und beginnen, sich dagegenzustellen. Die Wut über diese Zustände äußert sich in Betroffenheit und sorgt in vielen Fällen dafür, dass Menschen sich bspw. ehrenamtlich für Benachteiligte engagieren.

Auch viele Revolutionen haben auf diese Weise begonnen. Das Leben der Menschen wurde in so eklatanter Weise eingeschränkt und beschnitten, dass diese es nicht mehr ertragen konnten.

Hier ist Wut als elementare Kraft zu verstehen, die alles wieder ins Gleichgewicht bringen muss und will. Denn in jedem Menschen ist tief im Inneren ein Gefühl angelegt, das im übergeordneten Sinn zwischen richtig und falsch unterscheidet.

Im Allgemeinen machen wir jedoch andere Erfahrungen und erleben, dass Profit- und Machtstreben das Handeln der Gesellschaft bestimmen. Doch immer mehr Menschen erkennen, dass es nicht funktioniert, wenn die eine Hälfte der Menschheit auf Kosten der anderen lebt.

Auch ein Unternehmen kann auf Dauer nicht überleben, wenn die Angestellten nicht wertgeschätzt und ausreichend bezahlt werden. In Deutschland macht sich ein immer größerer Arbeitskräftemangel breit, der dazu führt, dass Firmen in absehbarer Zeit um passende Angestellte kämpfen müssen. Wenn niemand mehr da ist, der die entsprechende Arbeit übernehmen kann/will, kann ein Unternehmen nicht mehr existieren.

In all diesen Bereichen hat Wut schon Veränderungen in Gang gesetzt.

Wenn immer mehr Menschen davon überzeugt sind, dass viele Dinge in einem Staat nicht richtig laufen, sammeln sich infolgedessen Energien, sodass es nur noch einen Anlass braucht, um im positiven Sinn zu explodieren.

Wut hilft uns, Grenzen zu ziehen

Wut hat keineswegs nur zerstörerische Tendenzen. Sie hilft uns, Grenzen zu ziehen und unseren eigenen Bereich gegenüber anderen Menschen abzugrenzen. Sie ist manchmal notwendig, um unsere Meinung deutlich zu formulieren oder um unseren Standpunkt zu unterstreichen. In diesen Fällen handelt es sich um keine negative Wut, sondern um eine nachdrückliche Aussage darüber, wer wir sind und welche Ansichten wir leben.

Wer von uns kennt nicht drohende Sätze wie ***„Wenn du nicht…“***? Hier wird manipuliert und grenzverletzendes Verhalten an den Tag gelegt, was ebenfalls die Wut im Gegenüber in Bewegung setzt.

Auch hier spornt die Wut dazu an, die eigenen Grenzen neu zu definieren.

Statt sich weiterhin hilflos zu fühlen und den Vorgaben anderer Menschen zu folgen, könnte diese Person durch die Wut zur Einsicht gelangen, dass sie in Wahrheit nicht so klein und hilflos ist, wie sie sich fühlt. Diese Relikte aus der Kindheit haben mit autoritären Bezugspersonen zu tun, welche die Kindheit der Betroffenen geprägt haben.

Wer erwachsen ist, sollte keine Angst vor anderen Menschen haben müssen. Schon gar nicht, wenn es darum geht, das eigene Leben zu gestalten. Wut könnte zu der Frage führen, warum man sich so hilflos fühlt, keine eigenen Ideen entwickelt und sich auf die Hilfe anderer Menschen verlässt. Dann würde man zur Erkenntnis gelangen, dass ein wenig mehr Selbstbewusstsein die Eigeninitiative fördern könnte. Mit diesem Schritt wächst die Achtung vor sich selbst und gleichzeitig das Verständnis, dass andere Menschen einen nur herumschubsen und kommandieren können, wenn man sich selbst nicht definiert.

Wut sorgt hierbei für die Möglichkeit, grenzüberschreitendes Verhalten zurückzudrängen. Sie weckt das Empfinden, dass jeder einen Platz auf dieser Erde hat, den er einnehmen und leben darf. Genau genommen befreit sie den Menschen aus einem inneren Gefängnis, mit dem er sich gewohnheitsmäßig arrangiert hat.

Wut in der Partnerschaft

Sind die Flitterwochen vorüber, verschwinden die Schmetterlinge im Bauch und die Welt sieht nicht mehr ganz so rosa aus. Wo der Fokus bisher ausschließlich auf dem Partner und seinen wunderbaren Eigenschaften lag, drängen alltägliche Dinge in den Vordergrund, welche die gesamte Persönlichkeit des anderen zum Vorschein bringen. Enttäuschung und Frust sind vorprogrammiert, weil wir bis zu diesem Zeitpunkt nur die schönen Seiten unseres Gegenübers kennengelernt haben.

Das Lieblingswort in der kommenden Zeit lautet ***„Du!“***. Denn die Schuld an dem unfreiwilligen Aufwachen trägt in jedem Fall der andere.

Die Wut brodelt in uns, denn da sind nun so viele Dinge, die in der Beziehung plötzlich nicht mehr funktionieren. So war das nicht geplant und auf einmal gibt es nur noch Schuldzuweisungen. An dieser Stelle macht es die Wut möglich, den nächsten Schritt im Prozess der Selbsterkenntnis zu gehen, sofern wir diesen Wink verstehen und uns darauf einlassen. Die Wut auf den anderen Menschen verbirgt auch den Mangel in der eigenen Persönlichkeit. Das erkennen wir, wenn wir der Wut folgen und sie ***„umkehren“***. Aus einem ***Du*** muss ein ***Ich*** werden, damit wir die eskalierende Situation verstehen können.

Wer den Partner beschuldigt, nicht mehr liebevoll zu sein, muss sich dem Gefühl stellen, dass er sich verlassen und ungeliebt fühlt.

Wer den anderen kritisiert, dass dieser nur seine Interessen durchsetzt, muss sich das Gefühl eingestehen, dass er sich machtlos fühlt.

Eine Partnerschaft bringt im Umgang mit dem Menschen an unserer Seite alle persönlichen Überzeugungen ans Tageslicht, die wir über uns selbst entwickelt haben. - Damit wir uns ihrer annehmen und sie heilen können. Die negativen Eigenschaften des Partners werden erst dann ***„verschwinden“***, wenn wir uns unserem inneren Mangel stellen und herausfinden, wer wir wirklich sind. Dabei ist die Wut unser Wegweiser, der uns zeigt, worum es beim Streit wirklich geht. Statt den anderen Menschen zu verurteilen, geht es immer um die Frage, was die Situation in einem auslöst. Dann verwandelt sich die Anklage in Selbsterkenntnis und macht es möglich, dass wir die Situation in einem völlig neuen Licht sehen und anders handeln können.

Persönliche Wut und „gerechter Zorn“

Wut entsteht aus verschiedenen Gründen. Entweder fühlen wir uns persönlich angegriffen oder wir reagieren auf Ungerechtigkeiten, die in der Welt und im Leben anderer Menschen geschehen.

Die persönliche Wut hat immer mit unseren Ansichten, Werten und Überzeugungen zu tun. Werden diese Werte angegriffen, regt sich ein Gefühl von Selbstschutz in uns. Weil wir mit unseren Überzeugungen und Werten verbunden sind, empfinden wir es als eine Bedrohung, wenn diese als falsch bezeichnet und abgelehnt werden.

Allgemeine Ungerechtigkeit, die viele Menschen gleichzeitig betrifft, entfesselt dagegen den sogenannten ***gerechten Zorn***. Aus diesem entstehen beispielsweise Revolutionen oder Verteidigungskriege. Er löst Protestbewegungen aus, kann aber auch das Entstehen neuer Ideen und kreativer Lösungsansätze bewirken. Gerechter Zorn ist eine Energie, die zum Handeln auffordert. Umstände müssen korrigiert und Überzeugungen geändert werden.

In beiden Fällen geht es um Veränderungen. Die persönliche Wut zeigt uns, dass wir an unseren eigenen Überzeugungen ansetzen und unser Selbstbild verändern müssen. Die gerechte Wut, die gesellschaftliche Missstände erkennt, spricht unser Handeln an. Wir erkennen, was falsch läuft und sind aufgefordert, etwas zu tun, damit sich die Umstände ändern können. Hier braucht es keine inneren Veränderungen oder das Hinterfragen der eigenen Überzeugungen. Es erfordert nur den Mut, aufzustehen und einen ersten Schritt in eine andere Richtung zu tun.

Im Prinzip sorgt der „gerechte Zorn“ für den Ausdruck der eigenen Persönlichkeit. Zunächst werden wir mit der Außenwelt konfrontiert und stoßen dabei auf unser eigenes Weltbild.

Wir kommen an Grenzen, erreichen nicht, was wir uns wünschen und beginnen, zu zweifeln oder zu resignieren. Die daraus resultierende persönliche Wut sorgt dafür, dass wir uns hinterfragen. Wir nehmen Beschuldigungen und Anklagen zurück und erkennen, dass wir den eigenen Mangel in Form eines Anspruchs auf andere Menschen projizieren. Anschließend nehmen wir in Besitz, was wir brauchen und was uns zusteht und machen uns dadurch frei von der Abhängigkeit von anderen Menschen.

Sind diese Dinge geklärt, sind wir in der Lage, unsere Meinung zu vertreten. Treffen wir auf Ungerechtigkeiten, die andere Menschen oder Gruppierungen betreffen, regt sich der Widerstand (die gerechte Wut).

Wut ist nur so lange nötig, wie wir an unserer Veränderung arbeiten müssen. Wissen wir, wer wir sind, was wir können und was wir haben, ist Wut nur noch ein anzeigendes Element, das die Richtung weist. Wir brauchen sie nicht mehr in Form eines Angriffs zum Ausdruck zu bringen. Jetzt nutzen wir diese Energie als Antrieb, um die notwendigen Veränderungen einzuleiten.

Wir schreiben ein Buch, in dem wir unsere Meinung offenlegen. Wir gründen eine Partei, die sich gerechte Ziele auf die Fahne schreibt. Wir finden Möglichkeiten, etwas Neues auf die Beine zu stellen, was anderen Menschen zugutekommt.

Balance zwischen Wut und Verdrängung

Wut ist eine impulsive Energie, die aus dem Nichts aufsteigt und von uns Besitz ergreift. Ab einem bestimmten Punkt lässt sie sich nicht mehr kontrollieren und muss in ganzer Intensität ausgedrückt werden. Um sich selbst und andere nicht zu verletzen, braucht es eine gewisse Balance im Umgang mit Wut. Doch wie lässt sich diese finden?

Niemand kennt die Auslöser Ihrer Wut besser als Sie selbst. Diese Tatsache macht es möglich, Vorkehrungen zu treffen, um Wutausbrüchen nicht hilflos ausgeliefert zu sein. Manchmal ist es wichtig und notwendig, Grenzen zu setzen. In anderen Situationen, in denen es um ungerechtfertigte Beschuldigungen gegenüber der eigenen Person gehen kann, sollte ein Durchatmen ohne weitere Reaktionen möglich sein.

Das funktioniert, wenn Sie wissen, wer Sie sind und welchen Wert Sie haben. In Ihrem gesamten Leben werden Sie an Ihrer Leistung gemessen, sodass der Eindruck entsteht, dass diese darüber entscheidet, ob Sie wertvoll sind oder nicht. Sind Sie in der Lage, dieses negative Selbstbild aus Ihren Gedanken zu entfernen, lässt sich Wut ganz einfach handhaben.

Sie ist dann nur noch ein anzeigendes Element, das Ihnen in einer Situation sagt, ob Sie sich durch das Setzen von Grenzen schützen müssen oder ob die Situation gar nichts mit Ihnen zu tun hat. Ein starkes, aber ruhiges Aufflammen der Wut lässt Sie wissen, dass Sie zeigen müssen, wer Sie in dieser Situation sind. Wut ist in diesem Moment wie eine Alarmglocke, die Ihnen mitteilt, dass Sie Stellung für sich selbst beziehen müssen.

Anders verhält es sich bei destruktiver Kritik und ungerechtfertigten Anschuldigungen durch andere Menschen. Hier fühlen Sie sich ungerecht behandelt und die Wut meldet sich als Widerstand gegenüber der anderen Person und ihrer Aussage. Sie können diese Situation sehr leicht erkennen, denn Sie möchten sich unbedingt verteidigen und die Ansicht Ihres Gegenübers widerlegen. Erinnern Sie sich in diesem Moment daran, dass jeder Mensch seine persönliche Ansicht über das Leben entwickelt und dass es müßig ist, die ganze Welt von Ihren Ansichten überzeugen zu wollen.

Dieser Gedanke wird Ihnen helfen, innerlich zurückzutreten und die Aussage bei Ihrem Gegenüber zu lassen. Sie hat ausschließlich mit ihm zu tun. – Keineswegs mit Ihnen.

Wenn Sie dies beherzigen, können Sie energisch und mit Durchsetzungskraft auftreten, wo es notwendig ist. Gleichzeitig sind Sie in der Lage, falsche Aussagen über Ihre Person als solche zu erkennen und sich nicht von diesen berühren zu lassen. Ihre Wut wird Ihnen durch ihre Intensität mitteilen, worum es geht und ob Sie diese für einen selbstbewussten Auftritt nutzen sollten oder ob Sie sich darauf besinnen sollten, wer Sie sind.

Wut angemessen ausdrücken

Wut lässt sich nur angemessen ausdrücken, wenn Sie die Kontrolle über sich selbst haben. Ansonsten wird die Wut Sie überrollen und aus Ihnen einen Menschen machen, der schreit und bildlich gesprochen um sich schlägt.

Wut zeigt sich sehr offensichtlich in zwischenmenschlichen Beziehungen, wenn eine Person nicht macht, was die andere will. Obwohl es außer Einschüchterung und Ablehnung nichts bringt, einen Menschen anzuschreien, gehört diese Ausdrucksmöglichkeit zum Alltag der meisten Menschen.

Schauen wir, was in diesen Momenten wirklich passiert.

Wenn Kinder bspw. unseren Aufforderungen nicht nachkommen, werden wir schnell laut. Der Verstand weiß, dass eine schreiend vorgebrachte Forderung genau den gleichen Inhalt besitzt wie eine Anweisung, die mit normaler Sprachintensität hervorgebracht wird.

Es gibt also logisch betrachtet keinen Grund, zu schreien. Wenden wir jedoch erneut das Prinzip an, vom ***Du*** zum ***Ich*** zurückzukommen, scheint es so, dass wir diese Lautstärke brauchen, um unsere Forderung selbst besser hören zu können.

Unser Schreien und die dazugehörige Wut darüber, dass nicht passiert, was wir wollen, zielen in Wahrheit auf uns ab. Wenn wir unseren Kindern beispielsweise immer wieder sagen, dass sie ihr Zimmer aufräumen sollen, sie es aber nicht tun, platzt uns der Kragen. Wir schreien, weil wir auf diese Weise versuchen, unserer Aufforderung die nötige Dringlichkeit zu vermitteln. Das heißt, dass wir tief in unserem Inneren nicht hundertprozentig überzeugt sind.

Entweder davon, dass unsere Forderung gerechtfertigt ist, oder wir gehen aufgrund unserer Erfahrungen davon aus, dass wir wieder gegen eine Wand reden.

Wenn die Wut in uns aufsteigt, ist es immer ein Zeichen, bei uns selbst hinzusehen. Werden wir laut oder wenden wir Gewalt an, soll uns das darauf aufmerksam machen, dass wir nicht wirklich davon überzeugt sind, dass sich unsere Vorstellungen und Forderungen erfüllen. In diesem Fall müssen wir uns gedanklich selbst überzeugen, dass unser Kind aufräumen wird, gute Noten bekommt, dass die Beziehung klappt und der gewünschte Job kommt. Anders ausgedrückt, müssen wir davon überzeugt sein, dass das geschehen wird, was wir uns wünschen. Das Schreien zeigt an, dass wir eine Bitte, einen Wunsch oder eine Forderung aussprechen, aber von der Realisierung nicht ganz überzeugt sind.

Damit die Wut nicht in die falsche Richtung gelenkt wird und die zwischenmenschlichen Beziehungen infolgedessen zerstört werden, muss sie kanalisiert werden. Die beste Reaktion ist, sich aus der Gegenwart der anderen Person zu entfernen, denn manche Dinge, die im Affekt ausgesprochen werden, lassen sich nie wieder zurücknehmen. Hilfreich ist auch, mit dem Fuß aufzustampfen und sich somit ein Signal zu geben, den Ort des Geschehens zu verlassen.

Wer sich gut im Griff hat, wird die aufsteigende Wut bemerken und seinem Gegenüber sagen können, dass er gerade wütend wird und kurz mit sich selbst allein sein muss. Resultiert die Wut aus einer falschen Aussage Ihnen gegenüber, hilft körperliche Betätigung, um diese in eine geeignete Richtung zu lenken. Steigen Sie in diesem Fall auf ein Laufband oder einen Hometrainer, gehen Sie joggen, zerreißen Sie Kartons oder machen Sie Liegestützen.

Sie brauchen in diesem Moment eine Tätigkeit, bei der Sie viel Energie verbrauchen, um wieder zur inneren Ruhe zu kommen.

Wut - Auslöser erkennen und reagieren

Warum werden wir wütend? Entweder erfüllen sich unsere Wünsche und Vorstellungen nicht oder jemand greift unsere Sichtweise in irgendeinem Bereich an und stellt diese als falsch dar. Immer, wenn unser Ich-Gefühl infrage gestellt wird, ist Wut ein reflexartiges Mittel der Wahl, um den Selbstschutz zu aktivieren.

Da jeder Mensch seine individuellen Baustellen hat, sind auch die Auslöser unterschiedlich. Bei einem Menschen reicht es aus, um zu explodieren, wenn jemand eine Augenbraue leicht anhebt. Ein anderer reagiert allergisch auf Belehrungen oder darauf, dass ihm ständig ins Wort gefallen wird.

Wut als etwas Positives sehen - Umwandlung in Kraft und Kreativität

All das bedeutet, dass es immer auf unseren Umgang mit uns selbst und unseren Gefühlen ankommt. Wut kann uns ums Leben bringen, wenn wir wütend und aggressiv durch das Leben gehen. Bluthochdruck und Herzerkrankungen werden nicht lange auf sich warten lassen, weil der menschliche Körper dauerhaft von Stresshormonen durchflutet wird. In diesem Fall lassen wir uns von der Wut überrollen und werden Teil dieser Energie. So sollte es nicht sein, denn die Emotion sollte im besten Fall nur ein ***„Hinweisschild"*** auf einen versteckten Umstand sein, der uns noch nicht bewusst ist.

Wie entsteht Wut?

Was spielt sich in unserem Körper ab, wenn uns die Wut übermannt?
Um den Ursachen der Wut auf die Spur zu kommen, sollten wir uns mit den Prozessen, die sich in unserem Körper bei einem Wutanfall abspielen, auseinandersetzen. Denn wenn uns die Wut überfällt, werden viele Bereiche unseres Gehirns in Alarmbereitschaft versetzt, die dann ihrerseits wiederum eine komplexe Kette von Reaktionen absetzen. Welche Bereiche des Gehirns bei der Entstehung der Wut eine Rolle spielen und welche Folgen das hat, wird im Folgenden dargestellt.

Das limbische System – Sitz unserer Emotionen

Unser Verhalten ist sehr häufig durch das Unbewusste festgelegt. Sitz des Unbewussten ist das sogenannte ***limbische System***. Das ***limbische System*** ist evolutionär gesehen ein sehr alter Teil des Gehirns. Alle Informationen und Reize aus der Umwelt treffen auf das limbische Hirn ein und finden dort ihre emotionale Antwort. Das limbische System ist hierbei nicht nur der ***„Sitz“*** unserer Wut, sondern alle anderen Emotionen, wie Angst, Freude, Liebe, Hass und Lust haben dort ihren Ursprung.
Die Regulierung unserer Emotionen wird jedoch nicht – wie man lange glaubte – einzig vom limbischen System übernommen, sondern dieses arbeitet eng mit anderen Gehirnbereichen zusammen.
Das **limbische System** setzt sich wiederum aus mehreren Gehirnstrukturen wie der ***Amygdala*** (dem Mandelkern) und dem ***Hippocampus*** (**lat. Seepferdchen**; der Hippocampus ähnelt einem Seepferdchen ohne Kopf) zusammen.

Neben der Regulierung und Verarbeitung unserer Emotionen hat das limbische System noch weitere wichtige Aufgaben: So ist es auch für das Lernen, das Speichern von Gedächtnisinhalten, ferner für Antrieb/ Motivation, sowie für Triebverhalten und Fortpflanzung zuständig. Auch an der vegetativen Steuerung der Nahrungsaufnahme und der Verdauung ist das komplexe limbische System beteiligt.

Während in der Amygdala hauptsächlich die Emotionen verarbeitet werden, ist der Hippocampus für Lernen und die Gedächtnisleistung zuständig.

Nachdem im limbischen System die Bewertung der Situation erfolgt ist, werden die Informationen u. a. an den Körper weitergegeben. So stehen Körper und Gehirn in einem unablässigen wechselseitigen Dialog. Emotionen bedingen also immer somatische Effekte, es findet eine sogenannte ***Somatisierung von Emotionen*** statt. Bei der Emotion ***Wut*** wird das sympathische Nervensystem aktiviert. Die bekannten Reaktionen unseres Körpers sind der Anstieg des Blutdrucks und der Atemfrequenz, auch der Puls beginnt zu rasen. Das Gesicht wird rot. Alle Zeichen des Körpers stehen auf Alarm, wir fühlen uns bedroht, rüsten zum Kampf oder zur Flucht (***Fight*** oder ***Flight***).

Die Wut und der Sympathikus

Verspüren wir Wut, wird der ***Sympathikus*** aktiviert, der den Körper in den Kampf- bzw. Flucht-Modus versetzt (siehe oben).

Der Sympathikus wird aber nicht nur über das limbische System (oder andere Teile des Gehirns wie den Hirnstamm oder den übergeordneten Hypothalamus) aktiviert, sondern er ist ***teilautonom*** (man spricht auch von unwillkürlich), d. h. viele Reaktionen des sympathischen Nervensystems werden ***direkt*** durch das Rückenmark gesteuert, ohne Beteiligung des übergeordneten Gehirns.

Dies hat den Vorteil, dass Reaktionen sehr schnell erfolgen können, da das vegetative Nervensystem neuronal gesteuert wird. Das sympathische Nervensystem steht jedoch nicht nur für Angriff und Flucht, sondern es ist generell ein aktivierendes System, das auch für Leistung und Aktivität steht.

Die Übertragung der Impulse zu den entsprechenden Organen erfolgt beim ***Sympathikus*** v. a. mithilfe von Norepinephrin (***Noradrenalin***).

Infolgedessen steigen Blutdruck, Atemfrequenz und Muskeltonus, die Herzfrequenz wird erhöht. Der Mensch beginnt zu schwitzen, da die Schweißdrüsen aktiviert werden. Die Lunge arbeitet stärker, um mehr Sauerstoff ins Blut zu schaffen. Das Gesicht wird rot, da sich die Blutgefäße der Haut verengen. Währenddessen werden die Blutgefäße der arbeitenden Muskulatur erweitert. Der Stoffwechsel wird gesteigert. Weiter wird die Gerinnungsfähigkeit des Bluts erhöht, um eventuelle Wunden zu schließen. Die Pupillen werden erweitert.

Die Verdauung wird gehemmt, das Blut wird umverteilt – es fließt aus dem Verdauungstrakt in die Muskeln, ins Herz und in die Gefäße.

Denn wenn wir um unser Leben rennen oder kämpfen müssen bzw. wenn das vom Körper signalisiert wird, ist Verdauung fehl am Platz, jetzt müssen Herz und Muskeln Schwerstarbeit leisten.

Der Kampf- und Fluchtmodus stammt noch aus evolutionären Zeiten, als auch im täglichen Leben vielfach Gefahr für Leib und Leben bestand. So mussten unsere Vorfahren bspw. mit wilden Tieren oder konkurrierenden Gruppen kämpfen, nicht selten ging es um Leben oder Tod. Dieses Überlebensprogramm ist noch immer in unseren Genen abgespeichert, sodass es zu entsprechenden Reaktionen unseres Körpers kommt.

Der Sympathikus wird freilich nicht nur durch Wut aktiviert, sondern bspw. auch durch Angst oder durch überschwängliche Freude.

Langfristig kann durch ständige Aktivierung des Sympathikus allerdings das Herz-Kreislauf-System Schaden nehmen und das Herzinfarktrisiko verdoppelt sich.

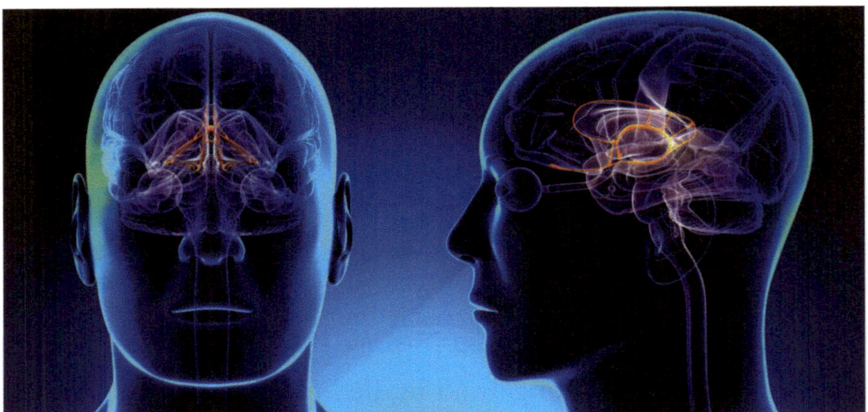

Das limbische System im Gehirn

Der Hypothalamus und die Wut

Wenn uns die Wut überfällt, sind jedoch nicht nur der Sympathikus und das limbische System wichtige Akteure, sondern auch der ***Hypothalamus***, der auch mit dem limbischen System und dem Sympathikus interagiert. Das Wort Hypothalamus setzt sich aus den griechischen Wörtern ***hypo*** (unter) und ***thalamos*** (Zimmer) zusammen. So reagiert der Sympathikus nicht nur eigenmächtig (teilautonom) sowie auf die Befehle des limbischen Systems – auch der Hypothalamus stimuliert als ***oberste Steuerungsinstanz*** des vegetativen Nervensystems den Sympathikus.

Der Hypothalamus ist ein Gehirnbereich im Zwischenhirn und befindet sich unterhalb des Thalamus. Der Hypothalamus ist das wichtigste Steuerzentrum des ***vegetativen Nervensystems***, außerdem die bedeutendste Hirnregion für die Aufrechterhaltung des inneren Milieus (Temperatur, Blutdruck, Osmolarität) und seiner Anpassung bei Belastungen des Organismus.

Um seinen vielfältigen Aufgaben nachkommen zu können – zu denen auch die Regulation der Nahrungs- und Wasseraufnahme sowie die circadiane Rhythmik und Schlaf gehören - hat der Hypothalamus zahlreiche neuronale Verbindungen zu anderen Hirnzentren.

Vom limbischen System werden bspw. Signale bzgl. der Emotion ***Wut*** an den Hypothalamus gesendet. Infolgedessen werden über die Hypophyse Informationen an die Niere gesendet. Im Nebennierenmark werden sofort die Stresshormone Adrenalin und Noradrenalin gebildet, die Nebennierenrinde produziert dagegen langsamer und zeitverzögert Cortisol.

Um bei Wutanfällen entsprechend reagieren zu können, nutzt das limbische System – genauer die Amygdala - zwei Wege. Der schnelle Weg läuft über das sympathische Nervensystem, das den Körper auf Aktivität einstimmt. Etwas langsamer ist der Weg über den Hypothalamus, der dann eine ganze Kaskade von Hormonen in Gang setzt.

Man spricht hier auch von der sogenannten ***Stressachse***, die vom Hypothalamus über die Hirnanhangsdrüse bis zu den Nebennieren reicht. Auf diese Weise wird die Bildung unserer Stresshormone stimuliert – Adrenalin und Noradrenalin werden aus dem Nebennierenmark und Cortisol aus der Nebennierenrinde ins Blut ausgeschüttet.

In stressigen Situationen überwiegt kurzfristig die Wirkung der Katecholamine Adrenalin und Noradrenalin. Adrenalin wirkt sich auf unser Nervensystem, das Herz-Kreislauf-System, die Muskulatur und den Magen-Darm-Trakt aus. Alle Organfunktionen, die wir zum Überleben benötigen, werden aktiviert: Die Herzfrequenz nimmt zu und der Blutdruck steigt.

Die Durchblutung der Verdauungsorgane hingegen nimmt ab, damit diejenigen Organe im Körper besser durchblutet werden können, die hauptsächlich zur Bewältigung der Stresssituation benötigt werden. Dazu gehören unsere Skelettmuskeln, der Herzmuskel und die Lunge. Die Bronchien weiten sich, damit mehr Sauerstoff für die Muskeln zur Verfügung steht.

Eine kurzfristige Stressreaktion empfinden wir möglicherweise als unangenehm, aber sie macht uns nicht krank. Anders sieht es bei chronischem Dauerstress ohne Erholung aus. In diesem Fall überwiegen die Effekte von Cortisol. Die Ausschüttung von Cortisol verläuft langsamer als die von Adrenalin und zeigt bei plötzlichen Stresssituationen daher auch eine verspätete Wirkung.

Ein permanent erhöhter Cortisolspiegel (und auch Adrenalinspiegel) wirkt sich früher oder später negativ auf unsere körperliche und psychische Gesundheit aus.

Der präfrontale Cortex – Sich die Wut bewusst machen

Der präfrontale Cortex ist ein Teil des ***Frontallappens*** der ***Großhirnrinde*** (***Cortex cerebri***). Er befindet sich an der Stirnseite des Gehirns und ist u. a. eng mit dem ***limbischen System*** verbunden.

Aus evolutionärer Sicht ist der präfrontale Cortex der jüngste Teil des Gehirns – er ist also die letzte Hirnregion, die sich entwickelte, was einen enormen phylogenetischen Fortschritt bedeutete.

Der präfrontale Cortex ist die übergeordnete Steuerzentrale des Gehirns, der Sitz der Persönlichkeit, das Vernunftzentrum. Dieses Hirnareal ist für höhere Denkleistungen zuständig – etwa für die Analyse und Bewertung von Situationen, für die Planung, das Treffen von Entscheidungen sowie das Lösen von Problemen.

Vom limbischen System in den präfrontalen Cortex eintreffende Emotionen werden dort erfasst, entschlüsselt und nun auch bewusst beurteilt, infolgedessen entsprechende Entscheidungen getroffen werden können.

Während die Reaktionen auf entsprechende Emotionen im limbischen System unbewusst und automatisiert ablaufen, können wir dank des präfrontalen Cortex die Konsequenzen einer Handlung – bspw. eines Wutausbruchs – voraussehen und entsprechend Lösungen suchen oder Taktiken abwägen. Da ein Wutausbruch in der Regel Konsequenzen hat, können wir dank der rationalen Denkfähigkeit des präfrontalen Cortex ggf. Impulse kontrollieren oder diese aber ausleben – nun haben wir die freie Wahl, was uns angemessener erscheint.

Die Zukunft planen, längerfristige Pläne machen und Entscheidungen treffen, vorausschauend handeln – auch dies ist die Domäne des präfrontalen Cortex. Auch Empathie, Kreativität, Logik fallen unter seine Hoheit.

Der präfrontale Cortex ist es auch, der exekutive Entscheidungen trifft – so versteht und produziert er Sprache, weiter befiehlt er uns bzw. unseren Muskeln und Gelenken, sich zu bewegen.

Was die Wut betrifft, so sind seine Fähigkeiten zur Emotionsregulation und zur Impulskontrolle ausschlaggebend. So können wir mittels des präfrontalen Cortex bewusst entscheiden, wie wir auf die Emotion ***Wut*** reagieren – auch die Abwägung von Konsequenzen und das vorausschauende und logische Denken des präfrontalen Cortex spielen bei diesen Entscheidungen eine wichtige Rolle.

Fertig ausgereift ist der präfrontale Cortex übrigens erst mit etwa 25 Jahren. Das erklärt auch, warum insbesondere Kinder, Jugendliche und junge Erwachsene Schwierigkeiten damit haben, mit Wut und Ärger umzugehen. Da der präfrontale Cortex noch nicht voll ausgereift ist, ist diese Personengruppe daher in höherem Maß – was die Wut und die Reaktion darauf betrifft – von der Amygdala des limbischen Systems abhängig. Wie wir gelesen haben, wird der Wut dann freien Lauf gelassen, weil die die Reaktionen, die vom limbischen System verursacht werden, unwillkürlich und unbewusst ablaufen.

Wenn wir als Erwachsene dagegen optimalen Zugriff auf Hirnregionen wie den präfrontalen Cortex haben, können wir viele emotionale Schwierigkeiten und Herausforderungen besser meistern - und es gelingt uns infolgedessen, auch in schwierigen Situationen innerlich gelassen zu bleiben. Aus diesem Grund ist es wichtig, dass wir eine gute Interaktion mit unserem präfrontalen Cortex haben und wir einen optimalen Zugriff auf diesen wichtigen Teil des Gehirns haben.

Wie wir bereits gelesen haben, entstehen Wut und Ärger – genauso wie alle anderen Emotionen wie Angst, Hass und Ekel – im limbischen System, dem evolutionär sehr alten Bereich unseres Gehirns. Mit dem limbischen System eng verbunden ist der Hypothalamus sowie der Sympathikus. Ein weiterer Akteur ist der Thalamus – das sogenannte ***Tor zum Bewusstsein*** – der als Filter fungiert und darüber entscheidet, welche Informationen zum präfrontalen Cortex weitergeleitet werden und damit direkt ins menschliche Bewusstsein rücken.

In brenzligen und gefährlichen Situationen hing unser Leben schon vor vielen tausend Jahren davon ab, dass wir diese extrem schnell einzuschätzen wissen und entsprechend reagieren. Die Aufnahme und Verarbeitung von Informationen und die entsprechenden Reaktionen mussten also sehr schnell vonstattengehen. In solchen Situationen hat also das limbische System – oder genauer die Amygdala – ihren großen Auftritt. Um unser Leben zu sichern, müssen die blitzschnellen Reaktionen Kampf, Flucht oder Starre erfolgen. Das limbische System ist also für die lebensnotwendige Ersteinschätzung von äußeren Reizen, die auf uns eintreffen, zuständig.

Für gründliche Überlegungen und eine genaue Analyse der Situation ist in solchen Fällen keine Zeit. Im Verlauf der menschlichen Geschichte – als wir immer weniger elementaren Gefahren ausgesetzt waren – wurde die detaillierte Antwort auf eingehende Reize immer wichtiger. Diesem Umstand hat die Entwicklung des präfrontalen Cortex Rechnung getragen. Er ist in der Lage, Situationen rational und detailliert zu analysieren.

Glücklicherweise sind wir also nicht nur der Einschätzung der Amygdala ausgeliefert. Der präfrontale Cortex kann im weiteren Verlauf eines gefährlichen oder vermeintlich gefährlichen Geschehens genauer beurteilen, wie die Situation tatsächlich einzuschätzen ist. Hier liegt also der Schalter, der die Wut der Amygdala dämpfen und erfolgreich zügeln kann. Dadurch wird es ermöglicht, effektiv auf die vorhandene Situation zu reagieren oder eine Situation neu zu bewerten.

Der präfrontale Cortex ist insofern eine Art Manager oder Koordinator für unsere Wut. Denn er ermöglicht uns eine analytischere und angemessenere Reaktion auf unsere emotionalen Impulse, indem er die Amygdala in ihre Schranken verweist.

Im Idealfall vermag er unsere Emotionen zu beherrschen – und verhindert, dass diese uns beherrschen.

Treffen Emotionen bei ihm ein, bewertet und analysiert er diese und entscheidet sich anhand der Informationen für die am besten geeignete Reaktion. Wenn der präfrontale Cortex jedoch nicht angemessen reagieren kann, z. B. in emotionalen Krisen, geht die Entscheidungsfähigkeit des präfrontalen Cortex verloren.

In diesem Fall sind bspw. negative und stressige Reize so stark, dass das limbische System die Oberhand gewinnt und wir nicht mehr in der Lage sind, rational zu handeln.

Was passiert nun im Gehirn, wenn wir etwas Bedrohliches sehen oder hören? Zunächst wird dieser Reiz im Thalamus registriert. Dieser schickt die Reizinformation auf zwei Bahnen weiter: Auf der einen Bahn wandert der Reiz in die Großhirnrinde, zum präfrontalen Cortex.

Und auf der anderen, deutlich schnelleren Bahn, ins limbische System, genauer gesagt, in die Amygdala, einer mandelförmigen Ansammlung von Nervenzellen.

Wenn der Mensch sich bedroht fühlt, reagiert die Amygdala sofort: Sie setzt den hemmenden Stirnbereich außer Kraft und aktiviert über den Hypothalamus das Alarmsystem des Körpers. Die Stresshormone Adrenalin und Noradrenalin und andere Botenstoffe werden ausgeschüttet.

Daher explodieren wir erst einmal vor Wut oder erstarren vor Angst, wenn wir zum Beispiel einen Gegenstand erblicken, der wie eine Schlange aussieht. Der Thalamus schickt die Reizinformation zwar auch an die Großhirnrinde. Weil diese Bahn aber langsamer ist als das limbische System, kommt der Reiz erst später beim Stirnhirn an. So dauert es einige Zeit, bis der präfrontale Cortex wieder versuchen kann, die Gefühle zu kontrollieren und die Lage rational einzuschätzen. Und das klappt bekanntlich nicht immer.

Ursachen der Wut - Warum manche Menschen wütender werden als andere

Genetik

Wut ist ein komplexes Zusammenspiel mehrerer Faktoren. Man weiß heute, dass Wut durch das ***Zusammenwirken von Erbanlagen und Umweltbedingungen*** bestimmt wird. Was die genetische Disposition betrifft, so hat man festgestellt, dass es u. a. einen Zusammenhang zwischen einem hohen Wutpotenzial und einer Variante des Monoaminooxidase A- (MAOA-)- Gens gibt. Bei Menschen, die zu Wutausbrüchen neigen, ist das Gen insofern verändert, dass es weniger aktiv ist als bei der intakten Ausprägung des Gens. Das MAOA-Gen steuert die Aktivität eines Enzyms, der Monoaminooxidase A, welches wiederum Neurotransmitter wie Serotonin und Noradrenalin abbaut, nachdem diese ihre Arbeit im Gehirn verrichtet haben. Liegt die inaktive Variante des MAOA-Gens vor, wird weniger vom Enzym Monoaminooxidase A produziert, was zu einem Überschuss dieser Stoffe im Gehirn führt. Dieses Überangebot der Neurotransmitter kann wiederum das Verhalten verändern, so kann es bspw. zu verstärkter Wut und Unruhe führen.

Ein weiteres Gen, das mit der Veranlagung zu Wut zu tun hat, ist das HTR4- Gen. Es kodiert den 5-Hydroxytryptamin-Rezeptor-4 (5-HT4). Auch dieses Gen steht in Beziehung zu Serotonin – in diesem Fall ist es für die Kodierung des Serotonin-Rezeptors zuständig.

Auf jeden Fall ist eine genetische Veranlagung zu Wut evolutionär gesehen sinnvoll, denn aggressive, wütende Menschen hatten die besten Möglichkeiten, sich zu paaren und sich Futtervorräte zu sichern.

Dieses Verhalten kann man heutzutage noch sehr gut bei Tieren beobachten. So stehen die aggressivsten Tiere oft im Rang der Herde ganz weit oben, sie haben die besten Möglichkeiten, sich zu paaren und sie verdrängen bspw. auch die anderen Tiere von den Futterstellen. Interessant ist dabei auch festzustellen, dass rangniedrige Tiere schon kleinste Anzeichen der Wut der ranghöheren Tiere sofort verstehen, sodass es meist gar nicht zu größeren Auseinandersetzungen kommt. So genügen bspw. bei Eseln angezogene und nach hinten gerichtete Ohren, um die Artgenossen auf Abstand zu halten oder auch ein angedeutetes – nicht wirklich ausgeführtes – Schnappen oder ein Anheben der Hinterbeine, um ein Auskeilen anzudeuten.

Genetische Ausstattung führt nicht zwangsläufig zu Wut

Abweichungen und Variationen der genannten Gene führen aber nicht zwangsläufig zu einem wütenderen Verhalten. Umweltfaktoren, wie etwa eine (frühkindliche) Traumatisierung, Frustration oder Provokation interagieren mit der genetischen Grundausstattung und beeinflussen so unser Verhalten.

Insbesondere entsprechende Erfahrungen in frühester Kindheit prägen die Aktivität der Gene, sodass auch die Umweltfaktoren wiederum die Erbanlagen verändern können.

Sozialisierung

Unsere Erbanlagen bilden eine Allianz mit unserer Erziehung. So bereitet unsere genetische Ausstattung die Basis für die Äußerung von Emotionen, die konkrete Ausgestaltung bspw. von Wutausbrüchen in bestimmten Situationen beruht jedoch auf kognitiven Prozessen und Lernvorgängen.

Der Umgang mit unseren Gefühlen wird hierbei insbesondere in den ersten Lebensjahren geprägt. Zum einen schauen wir uns von unseren Eltern und anderen uns nahe stehenden Personen ab, wie sie ihre Emotionen zeigen. Form und Art der Expression von Emotionen wie bspw. von Wut können sich dann im späteren Leben nach dem Vorbild der nahe stehenden Personen entwickeln.

Erleben Kinder, dass die Eltern Konflikte offen austragen, Gefühle nicht verbergen, auch Wut zulassen, so fällt es ihnen später leichter, die eigene Wut zu akzeptieren, zu zeigen und auch und zu regulieren.

Andererseits erfahren wir als Kinder oft Bestrafung oder Zurückweisung, wenn wir zornig sind. Eltern oder andere Bezugspersonen reagieren oft hilflos oder abweisend auf Wutausbrüche der ihnen anvertrauten Kinder, sodass diese einen gesunden Umgang mit ihren Emotionen nicht erlernen können. Es wird Kindern nicht gezeigt, wie sie mit ihrer Wut umgehen können, diese wird üblicherweise abgelehnt, infolgedessen werden Kinder mit diesem Gefühl allein gelassen.

Während Babys meist noch zugestanden wird, ihren Zorn lauthals herauszuschreien, akzeptieren Eltern später wütendes Aufbrausen ihrer Kinder oftmals nicht mehr.

Wird es Kindern untersagt, ihrer Wut Ausdruck zu geben, so fühlen sich diese als Erwachsene falsch damit, wenn sie wütend werden, ja selbst, wenn sie überhaupt Wut empfinden. Denn als Kinder haben wir gelernt, dass das richtig ist, was die Eltern vermitteln – ob die Eltern möglicherweise falsch liegen, wird von einem Kind nicht hinterfragt.

Kinder, die früh gelernt haben, ihre Wut unterdrücken zu müssen, können diese Verhaltensweise im Erwachsenenalter beibehalten – allerdings kann unterdrückte Wut im Kindesalter auch dazu führen, dass diese im Erwachsenenalter exzessiv ausgelebt wird.

Dieses Verhalten wird oft mit einem Druckkochtopf verglichen. Wut, die lange in unserem Inneren verschlossen war, bahnt sich ihren Weg, oft auch auf sehr explosive Weise.

Aber nicht nur der falsche Umgang mit Wutausbrüchen vonseiten der Eltern kann zu Wut im Erwachsenenalter führen. Auch Vernachlässigung, emotionale Kälte im Elternhaus, das Gefühl von Unsicherheit und Ängsten können zu Wut im Erwachsenenalter führen. Kränkungen, ungerechte Behandlung, das Gefühl der Wertlosigkeit, ständige Kritik und Herabwürdigen des Kindes führen zu Frustration, die in Form der Wut ein Ventil findet. Auch ein inkonsequenter Erziehungsstil, bei dem Regeln aufgestellt und ständig wieder verworfen bzw. nicht eingehalten werden sowie ein autoritärer Erziehungsstil, der dem Kind wenig Freiräume lässt, aktiviert im späteren Leben eine nicht unerhebliche Wutkraft.

Insbesondere hat die Wut im Erwachsenenalter auch mit dem Erleben von Kontrollverlust und den Gefühlen von Ohnmacht zu tun. So ist die starke Wut, welche wir heute empfinden, häufig die Ohnmacht von damals.

So sind wir als Kinder unseren Eltern ausgeliefert und wir sind abhängig von ihren Reaktionen. Diese Gefühle verschwinden jedoch nicht im Erwachsenenalter, sondern sind in unserem Unterbewusstsein gespeichert, ja sogar in allen Zellen unseres Körpers. Auf diese Weise beeinflussen sie uns ständig, ohne dass wir uns dessen überhaupt bewusst sind.

Erfahren wir im Erwachsenenalter ungerechte Behandlung – bzw. andere Personen werden ungerecht behandelt – oder werden wir provoziert, kritisiert, herabgewürdigt, so fühlen wir die gleiche Ohnmacht wie damals, in der Kindheit, was eine enorme Wut in uns auslöst.

Die Wut erleben wir dann nicht aus der Erwachsenenperspektive, sondern gleichsam aus kindlicher Sicht. Sie ruft dann etwa ***„Mama, Du bist gemein“*** oder ***„Papa, Du bist unfair“*** und entsprechend sind wir oft auch nicht in der Lage, unsere Wut wie ein erwachsener Mensch zu äußern, sondern wir reagieren in solchen emotional aufgeladenen Situationen eher wie ein Kind. Vielleicht kennen Sie auch solche oder ähnliche Situationen, in denen Sie möglicherweise über sich selbst erstaunt sind, was Ihre wütende Reaktion betrifft. In solchen Situationen wird der ***„richtige Knopf gedrückt“*** – Sie werden unbewusst mit einem Erlebnis aus der Kindheit konfrontiert - und Sie reagieren nicht mehr wie die erwachsene Person, die Sie sind, sondern irgendwie anders, unangemessen, ungewohnt – wie ein Kind. Sie werden in diesem Moment von einem altbekannten Gefühl überrollt – Sie fühlen sich vielleicht sehr verletzt, ungerecht behandelt, gekränkt, ohnmächtig. Man spricht auch davon, dass wir getriggert werden. Trigger sind Reize, welche uns bewusst oder unbewusst an emotional belastende, negative Erlebnisse in der Kindheit erinnern. Wenn wir uns dann als Erwachsene in einer Situation finden, die der damaligen Situation ähnelt, kommen starke Emotionen in uns hoch und die entsprechende Reaktion kann Angst, Panik oder eben auch Wut sein.

Haben wir uns mit den negativen Erfahrungen und Traumata noch nicht bewusst auseinandergesetzt, merken wir noch nicht mal, dass wir getriggert werden.

In der Psychologie und Psychotherapie werden diese Gefühle, die auf Ereignissen in der Kindheit beruhen, auch als ***inneres*** Kind bezeichnet. Wenn das ***innere Kind*** in uns geweckt wird, fühlen wir uns nicht mehr wie eine erwachsene Person, sondern wie das Kind von damals. ***Innere Kinder*** können sich im Erwachsenenalter ganz unterschiedlich äußern und durch vielfältige Emotionen bemerkbar machen, in Abhängigkeit davon, welches Bedürfnis des Kindes damals frustriert und nicht erfüllt wurde. Das ***wütende Kind*** ist oft auch gleichsam ein Schutzpanzer vor noch belastenderen Gefühlen wie Angst oder gar Panik. Das Fühlen und Bewusstmachen dieser Emotionen wäre meist noch belastender als das Ausleben der Wut. So ist das wütende Kind wenigstens noch stark – oder symbolisiert zumindest eine gewisse Stärke - und nicht so verletzlich wie das ängstliche oder verlassene Kind. Insofern steckt hinter der Wut auch immer viel Schmerz – der Schmerz der Ohnmacht, der Angst, der Hilflosigkeit und des Ausgeliefert-Seins. Wut kann also auch ein Zeichen dafür sein, dass andere Gefühle unterdrückt werden, von denen wir glauben, dass diese zu schmerzhaft sind, um an die Oberfläche zu kommen und begutachtet zu werden.

Insofern kann Wut auch ein Hinweis darauf sein, dass wir gewisse Emotionen in unserem Inneren nicht fühlen möchten.

Verdrängte Gefühle aus der Kindheit

Nicht nur die Wut ist eine nicht gerne gesehene Emotion in der Kindheit, sondern auch Angst und Traurigkeit. ***Stark***, ***mutig*** und ***tapfer*** sein – das sind Eigenschaften, welche wir schon in der Kindheit haben sollen und die wir irgendwann auch verinnerlichen.

„Ein Indianer kennt keinen Schmerz", ***„Du musst Dich nicht fürchten in der Dunkelheit"***, ***„es ist nicht so schlimm"*** – Mit solchen oder ähnlichen Aussagen ***„getröstet"***, werden Kinder nicht nur nicht ernst genommen, sondern, was weitaus schlimmer ist, abgelehnt, wenn sie ihre Gefühle offen preisgeben, sich in aller ihrer Lebendigkeit zeigen.

So schlucken wir unsere Tränen und unsere Wut herunter, schämen uns unserer Angst – und sind nicht mehr in der Lage, unsere Emotionen angemessen zu erleben bzw. auszudrücken. Wenn vielleicht viel später all die mühsam zusammengeklebten Scherben auseinanderbrechen, werden Wunden freigelegt, die nur langsam heilen können. Dann haben wir gelernt, dass es mehr Mut bedarf, Tränen zu zeigen und Wut zu äußern als schweigend erlittenes Unrecht zu akzeptieren und den ***Schmerz*** der Seele zu negieren. Erst dann sind wir wieder ganz, heil und können Gefühle akzeptieren, die uns beschützen und unterstützen.

Das uns angeborene Temperament

Das uns angeborene Temperament spielt ebenfalls eine Rolle, wie wir unsere Wut als Erwachsene zeigen: Ein impulsiver, extrovertierter Mensch gerät schneller in Rage als ein zurückhaltender und introvertierter Mensch.

Das individuelle Temperament hat wiederum viel mit der Persönlichkeit und dem Charakter des einzelnen Menschen zu tun. Wer schnell aus der Haut fährt, den bezeichnet man auch als ***Choleriker***.

Die Bezeichnung ***Choleriker*** für einen aufbrausenden Menschen beruht auf der Temperamentenlehre. Diese ist die älteste bekannte Persönlichkeitstypologie und geht auf den griechischen Arzt Hippokrates von Kos zurück, der um 400 v. Chr. lebte.

Die ***Temperamentenlehre*** leitet sich wiederum von der Humoralpathologie (Säftelehre, Viersäftelehre) ab. Die Humoralpathologie oder Viersäftelehre besagt, dass die gesundheitliche und körperliche Konstitution eines Menschen von der Mischung der vier Körpersäfte (Blut, Schleim, gelbe und schwarze Galle) abhängt.

Der Choleriker (von lateinisch ***cholericus***: deutsch ***„gelbgallig“***, ***„Gelbgalliger“***; von **altgriechisch** χολή ***chol***) verfügt über ein Übermaß an gelber Galle, was ihn zu einer aufbrausenden und jähzornigen Persönlichkeit macht. Der Choleriker ist jedoch nicht nur leicht erregbar, hitzig und neigt zu Wut, es wird ihm auch zugesprochen, dass er ehrgeizig, direkt, mutig, willensstark, unabhängig, selbstständig, selbstbewusst, überzeugend, energisch, hartnäckig, bestimmend und entscheidungsfreudig ist. Er hat jedoch auch ein manipulierendes, überhebliches, arbeitssüchtiges, dominierendes, ungeduldiges, streitsüchtiges, unbesonnenes und egozentrisches Wesen.

Auch unser Sternzeichen beeinflusst unser Wut-Verhalten. So ist es keine Überraschung, dass die explosiven Feuerzeichen Widder, Löwe und Schütze besonders hitzig sind und schnell ausrasten. Das Sternzeichen Widder ist das Zeichen, das den Zorn am intensivsten empfindet, seine Wutausbrüche können mitunter sehr ausgeprägt sein.

Die Waage ist zwar ein Luftzeichen und üblicherweise ausgleichend und harmoniebedürftig. Sie vermittelt gerne, wenn zwei Parteien sich nicht einigen können. Wird jedoch der bei der Waage besonders ausgeprägte Gerechtigkeitssinn verletzt oder wird sie über die Maßen provoziert, und werden bestimmte Grenzen überschritten, kann die Waage sehr wütend werden. Die Waage empfindet dann tiefen Zorn und es gibt keine Versöhnung mehr mit den Personen, die ihre Grenzen überschritten haben.

Krankheiten

Wenn eine Person zu häufigen Wutausbrüchen neigt, können auch psychische Krankheiten wie ADHS, Erkrankungen aus dem schizophrenen Formenkreis, Depressionen, Alkoholabhängigkeit und anderer Substanzmittelmissbrauch sowie bestimmte Formen des Autismus die Ursache sein. Auch Hormonveränderungen in den Wechseljahren und beim prämenstruellen Syndrom können eine erhöhte Reizbarkeit verursachen – obwohl die Wechseljahre gleichwohl natürlich keine Krankheit darstellen. Auch Hirntumore, Schädel-Hirn-Traumata, Enzephalitis (Gehirnhautentzündung) oder Demenz können vermehrte Wut bedingen.

Andere auf Abstand halten

Unsere Emotionen sind immer auch ein Fenster in unsere ferne Vergangenheit. Zivilisatorische Errungenschaften und Fortschritte konnten unser evolutionäres Erbe, das immer noch eine feste Konstante in unserem Leben ist, nicht ablösen.

Auch die Wut hat in der Evolution eine wichtige Rolle gespielt, denn sie sorgte für eine Stabilisierung des gesellschaftlichen Zusammenlebens der Menschen. Denn die sichtbaren Zeichen des Zorns, so nehmen Evolutionsbiologen und Anthropologen an, konnten ein Gegenüber derart einschüchtern, dass es erst gar nicht zu einer kräftezehrenden Auseinandersetzung kam. Im Zorn verwandelt sich unser Gesicht in eine Fratze. - Die Augenbrauen sind nach unten gezogen, die Stirn liegt in Falten, der Blick wird stechend und starr. Die Lippen sind schmal und aufeinandergepresst, die Nasenflügel aufgebläht. Bisweilen läuft das Gesicht rot an, sogar die Zähne werden mitunter entblößt.

Derartige Drohgebärden sorgten bei unseren Vorfahren dafür, dass in Konfliktsituationen Gewalt nicht ständig eskalierte. Schon minimale Veränderungen im Gesicht, die den Eindruck von Ärger vermittelten, verfehlten nicht ihre Wirkung: Der wütende Mensch hielt andere auf Abstand, diese waren bemüht, den Wüterich zu besänftigen und zu beschwichtigen, sodass ein Gewaltausbruch überflüssig wurde. Insofern war die Wut eine sinnvolle Gefühlsregung, da sie dazu beitrug, dass unsere Vorfahren friedlich zusammenleben konnten.

Triebtheorie nach Sigmund Freud

Die Triebtheorie nach Sigmund Freud erklärt die Entstehung von Wut analog zum Entstehen von Aggressionen. Die ***Triebtheorie*** nach **Freud** geht hierbei von einem angeborenen ***Aggressionstrieb*** aus. Meist wird das Ausleben des Aggressionstriebes bereits in der Kindheit durch die Eltern unterbunden, da Wut und Aggression negativ konnotiert sind. Im Zuge der weiteren Entwicklung verbietet das ***„Über-Ich"*** infolgedessen, dass Wut gebilligt wird. Wird der Aggressionstrieb jedoch ständig unterdrückt, kommt es zu seelischen Störungen. Den Aggressionstrieb sieht Freud als einen nach außen gerichteten Todestrieb, der zerstörerische Tendenzen haben kann. Deshalb müsse der Aggressionstrieb sublimiert und in nutzbringende Bahnen gelenkt werden. Die Triebtheorie von Freud ist inzwischen größtenteils nicht mehr Stand der aktuellen Wissenschaft.

Was macht mich wütend – Den Triggern auf die Spur kommen

Um einen sinnvollen und gesunden Umgang mit unserer Wut erlernen zu können, müssen wir zunächst den Auslösern für unsere Wut auf die Schliche kommen. Man spricht bei den Auslösern auch von ***emotionalen Triggern***. Ein emotionaler Trigger wird allgemein definiert als alles, was eine starke emotionale Reaktion bei uns hervorruft – bei den Emotionen kann es sich um Wut, Traurigkeit oder Angst handeln. Diese Trigger und die darauf folgenden emotionalen Reaktionen haben ihre Wurzeln oft in negativen Erfahrungen oder traumatischen Ereignissen in der Vergangenheit. Es handelt sich also um ***Flashbacks*** oder ***emotionale Rückblenden***, die durch Ereignisse, Personen oder Situationen in der Gegenwart ausgelöst werden können. Nicht nur Situationen oder Personen, selbst Geräusche, Gerüche, Bilder oder einzelne Wörter können als Trigger fungieren. Trigger können Hinweise auf ein nicht verarbeitetes Trauma sein. Fast jeder Mensch erlebt in der frühen Kindheit Situationen, die ihn emotional massiv überfordern. Es handelt sich hierbei um Begebenheiten, die wir als massiv bedrohlich, ja sogar als vernichtend erleben. In dieser Situation kommen Gefühle auf, die wir abspalten müssen, weil wir sie zu diesem Zeitpunkt nicht anders verarbeiten können. Das Gefühl und damit auch die entsprechenden Seelenanteile werden abgespalten, weil wir in diesem Moment nicht in der Lage sind, die Angst, die Ohnmacht, die Verzweiflung, den Schmerz, die Traurigkeit und die Wut auszuhalten.

Die meisten Trigger führen uns in unsere frühe Kindheit zurück. Je früher und je belastender hierbei eine traumatische Situation erlebt wird, desto destruktiver und verheerender sind die Auswirkungen in der Zukunft. Dass überwältigende Gefühle abgespalten werden, dient dem Schutz unserer Psyche. Insbesondere als Babys und Kleinkinder sind wir abhängig von der emotionalen und sonstigen Versorgung durch unsere Familie, wir sind dieser ausgeliefert, müssen uns emotional anpassen. Insofern macht die Abspaltung unserer negativen Gefühle, die in diesem Fall unserer Familie gelten würden, durchaus Sinn.

Emotionale Trigger versetzen uns in die frühere Situation des Traumas und rufen die vergangenen, negativen Erfahrungen in uns wach, die wir in der damaligen Situation des Erlebens nicht bewusst wahrnehmen, geschweige denn verarbeiten konnten. Seelische Wunden werden aufgerissen, die niemals geheilt wurden. Aufgrund des wieder erkannten Musters fühlen wir uns wie das ohnmächtige und hilflose Kind von damals, infolgedessen wir auch entsprechend reagieren. Demzufolge verhalten wir uns häufig in solchen Situationen auch wenig erwachsen, sondern wir fallen in diesem Moment bspw. in das ängstliche, kleine Kind von damals zurück. Dies kann z. B. in Form von Wutausbrüchen geschehen, weiter durch das Erleben von starker Angst oder schlichtweg durch den Wunsch, einfach wegzulaufen. Die traumatischen Erlebnisse sind im Unterbewusstsein gespeichert, meist erinnern wir uns nicht mehr an die entsprechende Situation, durch welche wir getriggert werden. Hierbei kann immer nur ein Gefühl ausgelöst werden, welches bereits in unserem Unterbewusstsein abgespeichert ist.

Die persönlichen emotionalen Trigger zu identifizieren und uns diese bewusst zu machen, ist sehr wichtig, weil wir sonst ständig von unseren Gefühlen überrollt werden und unser Leben unverhältnismäßig aus den Fugen gerät, wenn wir mit unseren Triggern konfrontiert werden. Werden wir von unsren Triggern beherrscht, so können uns schon alltägliche Situationen emotional unverhältnismäßig stark mitnehmen und belasten. Schon leichte Stressoren wie eine vertretbar stressige Phase, können uns überfordern und völlig aus der Bahn werfen.

Häufige emotionale Trigger

Unglücklicherweise kann alles ein Trigger sein: Es kann sich hierbei um ein bestimmtes Wort handeln, ein Bild, ein Objekt, ein Datum, ein Geräusch, ein Geruch, ein Ort. Auch bestimmte Menschen, Situationen und Meinungen können uns triggern. Häufig ist es auch eine bestimmte, ungünstige Gesamtsituation, die uns triggert.

Das Spektrum der Triggerpunkte ist genauso groß wie es individuell verschieden ist. Grund hierfür ist, dass wir individuelle Erfahrungen in unserem Leben gemacht haben, die uns auf unterschiedliche Weise beeinflussen.

Häufig werden wir getriggert, wenn unsere tiefsten emotionalen Bedürfnisse nicht erfüllt werden oder wenn wir in unseren Gefühlen verletzt werden.

Nachfolgend finden Sie eine Übersicht über die häufigsten Trigger:

- Wir und/ oder andere Personen werden ungerecht behandelt.
- Unsere Überzeugungen und Werte werden infrage gestellt oder mit den Füßen getreten.
- Es erfolgt keine Wertschätzung und Akzeptanz unserer Person/ unserer Leistung.
- Unser Selbstwertgefühl wird von anderen Personen herausgefordert oder verletzt.
- Wir werden gedemütigt und/ oder erniedrigt.
- Wir werden in unserer Ehre und Würde verletzt.
- Wir werden verraten.
- Wir werden betrogen.
- Wir werden beleidigt.
- Wir werden ignoriert.
- Wir werden provoziert.
- Wir werden diffamiert.
- Wir werden von anderen Menschen enttäuscht.
- Wir werden bevormundet.
- Wir fühlen uns unerwünscht und von anderen Menschen abgelehnt.
- Wir fühlen uns ohnmächtig.
- Wir fühlen uns verletzt.
- Wir fühlen uns unverstanden.
- Wir fühlen uns ausgenutzt.
- Wir fühlen uns nicht genügend unterstützt.
- Wir werden in unserer Freiheit eingeschränkt.
- Wir haben das Gefühl, die Kontrolle über eine Situation oder sogar über unser ganzes Leben verloren zu haben.
- Wie erleben eine traumatische Situation wieder.
- Wir fühlen uns/ andere bedroht.
- Wir werden zurückgewiesen (z. B. durch den Partner).
- Es bestehen gegensätzliche Überzeugungen anderer Personen (z. B. andere politische Ansichten, andere Religion).

Fassen Sie Ihre Gefühle in Worte

Um Ihren persönlichen Triggern auf die Spur zu kommen, sollten Sie diese in einer Art Tagebuch festhalten (in gedruckter oder digitaler Form). Immer, wenn Sie (übermäßig) wütend werden, notieren Sie Anlass, Zeit und weitere Umstände in Ihr Tagebuch. Wenn wir wissen, was uns triggert, können wir unsere seelischen Reaktionen besser verstehen und ggf. auch entsprechende Schritte einleiten. Sich seiner Emotionen bewusst zu werden, ist ein wesentlicher Bestandteil unserer Selbstfürsorge und hilft uns dabei, unsere seelische Balance zu behalten oder wiederzufinden. Mitunter können starke Wutgefühle unseren Blick im Moment des Ärgers trüben, sodass es nicht immer leicht zu erkennen ist, den jeweiligen Trigger ausfindig zu machen. Seien Sie also bitte geduldig mit sich selbst.

Nehmen Sie sich bitte auch ausreichend Zeit, um folgende Fragen zu beantworten:

- Wer oder was macht mich wütend?
- Sind es bestimmte Angewohnheiten oder Charakterzüge von Menschen, die mich wütend machen?
- Oder machen mich eher die Aussagen und Worte dieser Menschen wütend, insofern die Worte mich oder andere Menschen betreffen?
- Oder sind es äußere Umstände, wie bspw. der verspätete Zug, Stau auf der Autobahn, nicht funktionierende Geräte, die mich wütend machen?
- In welchen Situationen werde ich wütend?
- Ist es immer wieder die gleiche Person, die mich wütend macht?
- Sind es eher berufliche oder private Situationen, die Sie wütend machen?
- Empfinden Sie eher Wut auf Ihnen nahe stehende Personen/Familienmitglieder oder richtet sich Ihr Ärger hauptsächlich gegen fremde Personen?

- Wie bewerten Sie die Situationen oder Personen, die Sie wütend machen? Warum machen diese Personen oder Begebenheiten Sie wütend? Spielen Sie die entsprechenden Situationen nochmals in Gedanken durch.
- War es in manchen Fällen nicht nur die Situation/ Person, die Sie wütend machte, sondern hatten Sie ohnehin schon ***„schlechte Laune"*** und waren gestresst und/ oder in schlechter Grundstimmung? Hat hier nur noch der letzte Funken gefehlt, der Sie explodieren ließ?
- Wie fühlen Sie sich in der entsprechenden Situation?
- Fühlen Sie sich nicht nur wütend, sondern vielleicht auch ohnmächtig, traurig, ausgenutzt, hilflos?
- Haben Sie das Gefühl, dass Sie die Kontrolle verlieren und die Situation Ihnen den Boden unter den Füßen wegzieht?
- Fühlen Sie sich in Ihrer Wut schwach oder eher stark?
- Haben Sie das Gefühl, dass Sie in Ihrer Wut den ***„Verstand verlieren"*** und nicht mehr wie eine erwachsene Person agieren und reagieren?
- Wie würden Sie Ihre Wut beschreiben?
- Sind Sie aufgebracht, aufbrausend?
- Oder eher fassungslos?
- Vielleicht würden Sie sich aber auch eher als ungehalten und empört beschreiben?
- Oder sind Sie verbittert, enttäuscht?
- Vielleicht auch beleidigt?
- Oder fühlen Sie sich ohnmächtig und hilflos?
- Wie haben Sie in der Situation reagiert?
- Wie haben Sie gehandelt?
- Was haben Sie gesagt?
- Was haben Sie gefühlt?
- Wie war die Reaktion der Person(-en), mit denen Sie aneinandergeraten sind?
- Können Sie gut für sich einstehen, wenn Ihre Grenzen verletzt werden?

- Können Sie Ihre Wut noch in angemessene Worte fassen?
- Können Sie Ihre Worte gut wählen oder sprudeln diese aus Ihnen heraus?
- Überschlagen sich Ihre Worte und sind Sie nicht mehr in der Lage, Ihre Wut klar zu formulieren?
- Schreien Sie im Wutanfall oder bleibt Ihr Tonfall gemäßigt?
- Werden Sie in Ihrer Wut auch beleidigend und ausfällig?
- Und zeigen Sie vielleicht an Ihre Stirn oder strecken Sie vielleicht den ***„Stinkefinger“***?
- Schlagen Sie bei einem Wutanfall Türen zu oder schmeißen Sie Dinge zu Boden?
- Stampfen Sie mit dem Fuß auf?
- Oder schlagen Sie auf den Tisch?
- Haben diese Reaktionen Ihre Wut noch angeheizt oder beruhigte sich diese eher?
- Verstärken Alkohol oder ggf. auch andere Substanzen Ihre wütende Stimmung?
- Löst sich Ihre Wut nach einem Wutausbruch so schnell wieder auf, wie diese gekommen ist? Oder gärt die Wut noch lange in Ihnen?
- Möchten Sie es der Person, die Ihre Wut ausgelöst hat, ***„heimzahlen“***? Schmieden Sie Rachepläne?
- Welches Bedürfnis von Ihnen ist in der Situation nicht erfüllt worden oder welcher Wert von Ihnen ist verletzt worden?
- Ist die Person/ Situation wirklich verantwortlich für Ihren Ärger oder verbirgt sich möglicherweise etwas anderes unter Ihrer Wut?
- Fühlen Sie sich nach dem Wutausbruch erleichtert und sind froh, ***„Dampf abgelassen zu haben“***?
- Oder haben Sie eher Schuldgefühle oder schämen Sie sich?

- Schleppen Sie die Gedanken an die Situation/ die Personen, die Ihre Wut ausgelöst hat, noch Wochen oder gar Monate mit sich herum?
- Ist die Wut Ihr ständiger Begleiter? Kreisen Ihre Gedanken ständig um Wut auslösende Situationen/ Personen, sodass ein unbeschwertes Alltagserleben gar nicht mehr möglich ist?
- Gehen Sie Situationen/ Personen, die Ärger bereiten könnten aus dem Weg?
- Oder suchen Sie gezielt Streit und begeben sich in Situationen, die Ärger nach sich ziehen könnten?
- Welche Konsequenzen hatte Ihre Wut?
- Konnten Sie sich durchsetzen und Ihre Werte/ Grenzen verteidigen?
- Oder hatte Ihre Wut negative Folgen?
- Wie reagierten die von Ihnen konfrontierten Personen auf Ihre Wut?
- Reagierten diese ebenfalls wütend oder eher traurig?
- Wendeten sie sich von Ihnen ab?
- Oder wurde Ihre Wut ignoriert?
- Empfanden andere Personen Ihre Wut als falsch?
- Oder verstanden diese Ihre Wut und empfanden diese als gerechtfertigt?
- Haben Situationen, in denen Sie wütend werden, Einfluss auf Ihren Schlaf, Ihren Blutdruck oder Ihre allgemeine Gemütslage?

Welche körperlichen und seelischen Auswirkungen hat ein Wutfanfall auf mich?

Notieren Sie auch, wie Sie die Wut in Ihrem Körper wahrnehmen. Wie verändert sich Ihr Körpergefühl im Verlauf der Auseinandersetzung? Was fühlen Sie, wenn Sie die schwierige Situation verlassen haben? Halten die körperlichen und seelischen Veränderungen auch nach dem Wutanfall an – wenn ja, wie lange? Wie haben Sie sich vor dem Wutfanfall gefühlt? Waren Sie gut gelaunt, und hat erst die Situation Ihre Stimmung zum Kippen gebracht? Oder waren Sie schon gestresst? Vielleicht waren Sie auch bereits genervt oder in aggressiver Stimmung und es hat nur noch der sprichwörtliche Tropfen auf dem heißen Stein genügt?

Ein Wutanfall kann folgende körperliche und seelische Auswirkungen haben:

- Schweißausbrüche
- Herzrasen
- Zittern
- Schwindel
- Blutdruckanstieg
- Kopfschmerzen
- Zittern
- Atemnot
- Panik
- Trauer
- Hilflosigkeit
- Frustration
- Unruhe
- Bauchschmerzen
- Muskelanspannung
- Übelkeit
- Hände werden warm und feucht
- Nackenverspannung
- Erschöpfung

Warum wir uns mit dem Gefühl von Wut oder Zorn auseinandersetzen sollten

Nur die bewusste Wahrnehmung unserer Gefühle sowie das Verständnis dafür, was diese Gefühle auslöst, erlaubt uns eine bewusste Verarbeitung und einen guten Umgang mit unseren Gefühlen. Lediglich Emotionen, die wir aktiv in unser Bewusstsein rufen, und mit welchen wir uns auseinandersetzen, können wir auch regulieren und steuern.

Ein erster Schritt bzgl. der Auseinandersetzung mit unserer Wut ist es, den Ursachen der Wut – den sogenannten Triggern – auf die Spur zu kommen. Weiter ist es wichtig, diese Trigger zu benennen sowie die körperlichen und seelischen Reaktionen dieser Trigger zu kennen.

Auch das komplexe Zusammenspiel von Konditionierung, Grenzerfahrungen, Denkmustern und körperlichen Erfahrungen haben wir kennengelernt. Weiter spielt - wie wir gelesen haben – die genetische Prädisposition, die (frühkindliche) Sozialisation und das individuelle Temperament eine Rolle bei der Entstehung und dem Umgang mit Wut.

Die Einstellung und Erfahrungen der Bezugspersonen prägen bspw. die Denkmuster und Empfindungen eines Kindes. Das geschieht auch auf der nonverbalen Ebene, weil jeder Gedanke unseren Körper als eine bestimmte Ausstrahlung verlässt.

Sie kennen das, wenn Sie beispielsweise einen Raum betreten, in dem eine aggressive Anspannung herrscht. Hier sind Menschen zusammengekommen, die negative Gedanken in ihren Köpfen wälzen und aufgrund dessen die entsprechende Ausstrahlung haben. Wir müssen mit einem Kind also nicht einmal in aggressiver Weise sprechen, allein die Energie unserer inneren Wut reicht aus, um die kindliche Lebensenergie in gleicher Weise zu färben. Kinder sind noch nicht in der Lage, diese Übertragung der Gedanken und Gefühle abzulehnen. Sie sind wie ein Schwamm, der alles aufsaugen muss, was sich ihm bietet.

Nach ungefähr sieben Jahren ist dieser Prozess abgeschlossen und unsere ***„Festplatte"*** ist gefüllt. Das weitere Leben im Kinder- und Jugendalter verbringen wir in einer Welt, die durch die Ansichten Erwachsener definiert und gleichzeitig begrenzt wurde. Neben der Sozialisation haben wir die Interaktion von limbischem System, Hypothalamus und präfrontalem Kortex kennengelernt. So entsteht die Wut zunächst im limbischen System, bevor diese an weitere Schaltstellen im Gehirn weitergeleitet wird und dort möglicherweise auch kontrolliert und analysiert werden kann. Auch die Hormonkaskade, die u. a. durch den Sympathikus ausgelöst wird, spielt eine wichtige Rolle bei der Entstehung und Ausprägung der Wut.

Um unsere Gefühle einordnen zu können, müssen wir auch verstehen, in welchem Zusammenhang Gedanken, Gefühle und Handlungen stehen. Dieses Verständnis ist umso grundlegender für unser Leben, da uns nichts näher steht als unsere Gefühle und Emotionen.

Schließlich ist es individuell verschieden, wie wir auf negative Erfahrungen, Erlebnisse, Hilflosigkeit und Frustration reagieren. Während die einen Menschen sich eher gekränkt zurückziehen, lassen andere Menschen ihrer Wut freien Lauf. Wut ist auch dazu geeignet, andere negative Gefühle, wie Traurigkeit oder Gefühle der Ohnmacht zu überlagern, da Wut für uns oftmals leichter zu ertragen ist wie Trauer oder Hilflosigkeit. Aus diesem Grund halten wir auch oftmals an der Wut fest, weil wir diese negative Emotion gar nicht loswerden möchten – zum einen, weil sie noch negativere Emotionen überlagern kann, zum anderen, weil wir Wut als eine Emotion ansehen, welche wir zurecht empfinden. Tut eine Person bspw. uns oder einem Mitmenschen Unrecht, so betrachten wir es als angemessen und richtig, wenn wir wütend reagieren.

Wir haben auch gesehen, dass Wut uns auch dabei helfen kann, Grenzen zu setzen und uns davor schützen kann, von anderen Menschen ausgenutzt oder übervorteilt zu werden. Die Wut ist also gleichzeitig Lösung und Problem.

Überlegen Sie in diesem Zusammenhang auch, ob sich Ihre Wut ***„automatisch"*** zeigt oder ob Sie damit möglicherweise eine Reaktion erreichen wollen: Möchten Sie evtl. jemanden bestrafen, sich rächen, Macht zeigen? Oder hegen Sie den Wunsch, jemanden zu verletzen oder Konflikte auf diese Weise zu lösen oder zumindest anzusprechen? Oder möchten Sie jemanden mal so richtig Ihre Meinung sagen, und ihm klarmachen, dass er mit Ihnen nicht „Schlitten fahren" darf? Wie waren/ sind die Reaktionen Ihrer Mitmenschen auf Wutausbrüche Ihrerseits? Fragen Sie sich weiter: Empfinden Sie Ihre eigene Wut als gut oder schlecht? Auf was macht Sie Ihre Wut aufmerksam? Hilft oder schadet sie Ihnen? Was für Folgen hat Ihre Wut?

Viel ist schon erreicht, wenn wir einsehen, dass wir in bestimmten Situationen – die meist mit Stress und Frustration besetzt sind – wütend reagieren. Der nächste Schritt ist, dass wir unsere Wut akzeptieren und respektieren. Verantwortung für unser Leben zu übernehmen, bedeutet auch, dass wir uns mit unseren Gefühlen auseinandersetzen und lernen, welche Botschaft unsere Gefühle an uns haben und wie wir am besten mit ihnen umgehen. Aus diesem Grund ist es wichtig, diese Gefühle zunächst an die Oberfläche zu holen, sie anzunehmen, sie zu verstehen und letztlich Frieden mit diesen zu schließen.

Erleben Sie Ihre Gefühle bewusst

Man unterscheidet in der Psychologie zwischen Emotionen und Gefühlen, obwohl die beiden Begriffe oft synonym gebraucht werden. Emotionen werden vom limbischen Teil des Gehirns generiert, sie laufen automatisiert ab, ohne dass eine reflektierte Bewertung der Situation stattfindet. Emotionen entstehen unmittelbar als Reaktion auf eine bestimmte Situation, sie sind intensiv und von körperlichen Reaktionen begleitet. Erst wenn die Emotionen in die Hirnrinde gelangen, können diese analysiert, bewusst wahrgenommen und reflektiert werden. Gefühle sind infolgedessen weitaus komplexer als Emotionen, sie können sich zudem aus mehreren Basisemotionen zusammensetzen und sind in der Regel Folge eines Lernprozesses. Vereinfacht gesagt, bedeutet ein Gefühl das Bewusstwerden einer vorangegangenen Emotion.

Man vergleicht deshalb Emotionen und Gefühle oft mit einem Eisberg. Emotionen sind vergleichbar mit dem Eis, das unter der Wasseroberfläche liegt, und sich im Unterbewusstsein befindet. Gefühle sind dagegen der sichtbare, über der Wasseroberfläche liegende Teil des Eisbergs, der sich im Bewusstsein befindet. Emotionen sind also blitzschnelle Bewertungssysteme, die überlebenswichtige Handlungen nach sich ziehen können. Gefühle folgen als Reaktion auf die Emotionen, sie sind oftmals schwächer, aber länger anhaltend als ein emotionaler Zustand.

Damit Gefühle wahrgenommen und bewusst erlebt werden können, ist es wichtig, dass beide Teile des Gehirns – das limbische System und der präfrontale Cortex – gut miteinander kommunizieren. Erst wenn wir Gefühle bewusst erleben, können wir diese beurteilen und entsprechend darauf reagieren.

Durch entsprechende Forschungen wurde jedoch festgestellt, dass es eher die Ausnahme als die Regel ist, dass wir Gefühle bewusst wahrnehmen, diese einordnen und entsprechend handeln können.

Denn während Emotionen im limbischen System gebildet werden, verläuft dieser Vorgang ohne unsere bewusste Wahrnehmung, während Gefühle, wenn überhaupt, erst am Ende eines komplexen Prozesses zutage treten können. Der Grund, dass wir unsere Gefühle meist nicht fühlen, ist, dass wir als Kinder bereits sehr früh lernen, unsere Gefühle zu unterdrücken, anstatt diese bewusst zu erleben und zu formulieren. Infolgedessen müssen wir häufig erst als Erwachsene (wieder) lernen, unsere Gefühle zu entdecken und diese bewusst zu erleben und zu verstehen. Denn wer seine Gefühle kennt und diese bewusst erlebt und versteht, der versteht auch sich selbst besser. Wer seine Gefühle genau und achtsam wahrnimmt, kann entsprechende Situationen besser verstehen, bewerten und entsprechend reagieren. Gefühle transportieren wichtige Botschaften für uns, sie sind der bewusste Ausdruck spontan entstandener Emotionen.

Erst wenn die Emotionen ins Bewusstsein gelangt sind, können wir diese bewusst spüren. Gefühle sind Zeichen unserer Lebensenergie und helfen uns, Entscheidungen zu treffen.

Mitunter ist es schmerzhaft, sich seinen Gefühlen zu stellen und Verantwortung für diese zu übernehmen. Sobald wir Gefühle in uns hochkommen lassen, sie betrachten und durchleben, haben wir jedoch gleichzeitig Zugang zu einer enormen Kraft: Wer Gefühle auszuhalten vermag, nach innen geht, spürt, macht sich den Prozess des Fühlens bewusst.

Infolgedessen erkennt der Mensch, dass Gefühle auch auf Probleme oder Schieflagen aufmerksam machen können, und in diesem Moment hat bereits die Lösung der Probleme begonnen.

Gefühle sind häufig schön, manchmal quälend, bisweilen auch nervig – sie bieten jedoch immer die Möglichkeit, äußere Reize zu beurteilen und entsprechend darauf zu reagieren:

Und am Ende dieses bewussten Prozesses kann dann etwa auf die Frage ***„Wie geht es Dir?“*** wirklich ein Gefühl ausgedrückt werden, anstatt dass wir einfach, ohne wirklich etwas zu fühlen, mit ***„gut“*** oder ***„nicht so gut“*** antworten.

Auch bewusst sagen zu können, ***„ich habe Angst"*** oder ***„ich liebe dich"***, setzt voraus, dass diese Gefühle ins Bewusstsein dringen.

Wenn wir Gefühle dagegen unterdrücken und verdrängen, um die aktuellen Gefühle nicht durchleben zu müssen, sammeln sich diese an und brodeln weiter im Verborgenen. Im Laufe der Zeit führt dies, oft erst nach Jahren, zu körperlichen oder psychischen Krankheiten. Denn wer seine Gefühle ständig unterdrückt, weiß irgendwann gar nicht mehr, was er fühlt. Gleichzeitig kann ein aktueller Reiz – ein Trigger – Emotionen aus der Vergangenheit auslösen und diese (meist schmerzhafte Emotion) auf das Hier und Jetzt übertragen. Wer also Emotionen verdrängt und sich dieser nicht annimmt, durchläuft diese Emotionen immer wieder. Unverarbeitete Emotionen, die wir abspalten, unterdrücken und infolgedessen vergessen wollen, tauchen so immer wieder auf und lösen häufig heftig emotionale Reaktionen aus. Gleichzeitig spalten wir mit dem Teil, den wir unbewusst verdrängen wollen, auch einen Teil von uns selbst ab, fühlen uns infolgedessen nicht mehr vollständig, nicht mehr heil.

Wer seine Gefühle, die gleichzeitig unser Wegweiser sind, jedoch nicht mehr fühlt, weiß nicht mehr, was gut oder schlecht für ihn ist und infolgedessen kann er sein Denken und Handeln nicht mehr entsprechend steuern. Wenn wir in eine Gefühllosigkeit abgleiten, fehlt uns ein essenzieller Teil unseres Lebens. Denn nur, wenn wir bereit sind, alle Facetten des Lebens zu fühlen, sind wir lebendig.

Wir müssen uns gewahr werden, dass unsere Gedanken oder selbst Tatsachen nicht schmerzhaft oder beängstigend sind, sondern unsere Emotionen, die damit einhergehen.

Nur die bewusste Wahrnehmung unserer Gefühle ermöglicht uns auch deren bewusste Verarbeitung, weshalb es wichtig ist, sich des Gefühls von Wut (und auch anderer Gefühle) bewusst zu werden.

Übung

- Atmen Sie dreimal tief ein und wieder aus.
- Stellen Sie sich die Frage: Welches meiner Bedürfnisse wurde gerade verletzt? (Wurde bspw. mein Selbstwertgefühl verletzt, wurde ich oder eine andere Person ungerecht behandelt?)
- Atmen Sie weiterhin tief ein und wieder aus.
- Stellen Sie sich weiter die Frage: Kann ich etwas gegen die Grenzverletzung, die ich erlebt habe, tun? Kann ich die entsprechende Person ansprechen? Kann mein Bedürfnis noch erfüllt werden oder kann ich an der entsprechenden Situation – zumindest im Augenblick – nichts ändern?
- Wie kann ich die Sache/ Situation für mich wieder ins Reine bringen?
- Atmen Sie weiter tief und ruhig ein uns aus.

Warum bleiben wir in bestimmten Gefühlen verhaftet?

Warum können wir bisweilen ***„negative"*** Gefühle nicht loslassen? Warum bleiben diese so hartnäckig und so lange präsent? Der Grund dafür wird uns klar, wenn wir das vorherige Kapitel gelesen haben. ***„Unerwünschte"*** Gefühle können wir nicht loslassen, wenn wir sie nicht wirklich fühlen. Wir spüren möglicherweise die negativen Folgen solcher nicht erlebten Gefühle, sei es in Form von Magenschmerzen, sei es in Form von depressiven Verstimmungen.

Doch der Ursache dieser Beschwerden gehen wir in den seltensten Fällen nach. Statt den Beschwerden auf den Zahn zu fühlen, um deren wahre Ursache herauszufinden, unterdrücken wir die zugrundeliegenden Gefühle.

Wir überlassen unserem Verstand das Kommando und befehlen diesem, die Gefühle zum Schweigen zu bringen. Wir bekämpfen mit dieser ***„Strategie"*** jedoch nicht die unerwünschten Gefühle – wir können diese nur zum ***„Erliegen"*** bringen, indem wir uns mit ihnen auseinandersetzen. Und hier ist nicht der Verstand, unsere Ratio, gefragt, die hier keine Lösungsmöglichkeiten bieten kann, sondern wir müssen vom Denken ins Fühlen kommen. Denn: Gefühle wollen gefühlt werden.

Wir wehren uns jedoch oftmals mit allen Möglichkeiten, vom Denken ins Fühlen zu kommen. Wir sind ***„Kopfmenschen"***, unser Gehirn rattert den ganzen Tag unermüdlich, sodass wir gar nicht die Chance haben, in die Welt unserer Gefühle einzutauchen. So lange wir aber ***denken***, können wir nicht ***fühlen***, was in uns passiert – wir können unsere Gefühle nicht fühlen. Die Flucht in das Denken ist auch ein Selbstschutz, um nicht mit vermeintlich negativen Gefühlen konfrontiert zu werden, diesen ausgeliefert zu sein. Gefühle, die aber unterdrückt werden, können nicht erkannt und infolgedessen auch nicht aufgelöst werden. Von daher ist es wichtig, dass wir uns auch schmerzlichen Gefühlen stellen – nur so können diese aufgearbeitet werden. Nur wenn wir Lachen UND weinen, wenn wir Freude UND Trauer spüren und ertragen können, sind wir ganz, sind wir heil. Wir müssen uns unserer Tränen nicht schämen – Weinen ist kein Zeichen von Schwäche, sondern von Stärke. Gerade weinen hilft dabei, Stress abzubauen, danach sind wir meist ruhig und entspannt.

Weiter sind Verstand und Ratio nicht immer die besten Ratgeber, was die Beurteilung von unseren Gefühlen betrifft. Der Verstand bewertet, – und nicht immer ist sein ***„Urteil"*** richtig – ob bestimmte Gefühle gut oder schlecht sind. Der Verstand kann sich irren, während wir uns auf unsere Gefühle immer verlassen können. Mit anderen Worten: Wir können uns nicht ***verfühlen***. Bei rationalen Handlungen wie bspw. bei dem Lösen einer Rechenaufgabe können wir uns ***verrechnen***, weiter können wir uns trotz Ausrüstung mit Karten und Handy ***verlaufen***. ***Verfühlen*** können wir uns aber niemals.

Wie Sie ins Fühlen kommen

Üben Sie regelmäßig, Ihren Gefühlen auf die Spur zu kommen und Ihren Körper zu spüren. Sie können auf diese Weise gerade negativen Gefühlen gewahr werden und diese insofern auflösen.

Übung

Legen Sie sich bequem auf eine Matte, die Arme weit von sich gestreckt. Achten Sie auf eine ruhige Umgebung, Sie sollten während der Übung ungestört und ohne Ablenkung sein.

- Atmen Sie mehrmals tief ein uns aus.
- Achten Sie auf Ihre Gefühle und beschreiben Sie diese in Gedanken. Bin ich gerade wütend und auf wen? Wer hat meine Grenzen überschritten?
- Spüren Sie nun in Ihren Körper. Wie fühlt er sich an? Ist Ihr Körper angespannt und verkrampft? Oder sind Sie schon in der Lage, sich langsam zu entspannen?
- Wie fühlt sich Ihr Kopf an? Ist er schwer, haben Sie sogar möglicherweise Schmerzen? Oder fühlt er sich leicht an und gleitet in den Zustand der Entspannung?
- Gehen Sie weiter in Gedanken zu Ihrem Rücken und zu Ihrem Nacken. Fühlen sich die Körperteile verspannt an oder liegen sie leicht und locker auf der Matte?
- Wie geht es Ihrem Bauch? Ist er verspannt – oder hebt und senkt er sich entspannt, im Rhythmus der Atmung?
- Wie fühlen sich Ihre Hände an? Sind sie schon ganz entspannt und ausgestreckt oder möglicherweise angespannt und verkrampft?
- Ist Ihre Atmung schnell und hastig oder langsam und ruhig?
- Fühlen Sie Ihren Herzschlag?
- Können Sie nun auch Ihre Beine und Füße vollkommen entspannen?
- Was machen nun Ihre Gefühle? Ist die Wut verraucht, ist sie schwächer geworden oder ist sie noch immer präsent?
- Atmen Sie weiter ruhig ein und aus. Konzentrieren Sie sich auf Ihren Atem, der, gleichsam Wellen, kommt und geht.
- Merken Sie, wie Sie mit jedem Atemzug ruhiger werden?
- Spüren Sie, wie nun auch Ihr Körper ganz entspannen darf?

Atmen Sie weiter und schalten Sie nun alle Gedanken aus. Kommen Gedanken in Ihnen hoch, so lassen Sie diese wieder ziehen.

Umgang mit Wut - Negative Gefühle und ihren Sinn verstehen

Unterdrückte Wut macht krank

Die meisten Menschen haben gelernt, ihre Wut zu unterdrücken. Starke Gefühlsäußerungen – insbesondere Wut – sind gesellschaftlich nicht akzeptiert, ja sogar verpönt, man nimmt sie als mangelnde Selbstbeherrschung, fehlende Disziplin, nicht angemessene gesellschaftliche Ausdrucksform wahr. Wütende Menschen werden bisweilen als charakterlich schwach angesehen, manchmal sogar als asozial und primitiv. Schon das Zitat von Dalai Lama ***„In der Wut verliert der Mensch den Verstand"*** rückt wütende Menschen in die Nähe von fehlender Intelligenz. Bereits Kindern lehrt man, dass Wut sich nicht gehört, dass das Ausleben dieser Emotion gesellschaftliche und berufliche Nachteile mit sich bringen kann. Natürlich verschwinden Gefühle keineswegs, wenn wir diese nicht offen zeigen oder gar unterdrücken. Im Gegenteil, Gefühle zu unterdrücken, kostet unserem Körper – sowie unserer Seele – viel Kraft und Energie. In diesem Zusammenhang wird gerne die Metapher von einem mit Luft gefüllten Ballon benutzt, den man versucht, unter Wasser zu drücken. Diese Handlung erfordert – wie das Unterdrücken der Gefühle - stetige Anstrengung und Aufmerksamkeit.

Gefühle zu unterdrücken bedeutet auch, dass wir nicht die gesamte Palette unserer Gefühle erleben dürfen, das Leben kann nicht in seiner vollen Intensität und Ganzheit erfahren werden. Dies bedingt, dass wir permanent unter Stress und Anspannung stehen. Dass dieser Zustand auf Dauer krank und unzufrieden macht, liegt auf der Hand.

Verschiedene Krankheitsbilder können sich einstellen: Dies fängt an bei einem geschwächten Immunsystem und einer damit einhergehenden höheren Anfälligkeit für Infektionskrankheiten sowie weiterer Erkrankungen, die durch ein geschwächtes Immunsystem mit verursacht werden können.

Weiter können sich Bluthochdruck, Herz-Kreislauf-Erkrankungen sowie die Neigung zu Herzinfarkt und Schlaganfall einstellen. Auch der Magen leidet, Magenschleimhautentzündungen bis hin zu Magengeschwüren können Zeichen der unterdrückten Gefühle sein. Auf psychischer Ebene können Erkrankungen und Beschwerden wie Depressionen, starke Erschöpfung, innere Unruhe, Angstzustände, Schlafstörungen oder Suchterkrankungen resultieren. Auch Essstörungen wie Magersucht (Anorexia) oder Bulimie können auftreten. Insbesondere die unterdrückte Wut, die nach innen gerichtet wird (Internalisierung von Wut), wird als ein Prädiktor für die Depression angesehen. Da die Menschen ihre Gefühle nicht ausleben, sondern unterdrücken, sind Hoffnungs- und Antriebslosigkeit, Gedankenkreisen und innere Erstarrung bspw. Anzeichen dieser klassischen Depression.

Weitere Erkrankungen, die als Folge unterdrückter Wut resultieren, können Diabetes oder Nierenerkrankungen sein. Auch Muskelverspannungen, Kopf-, Rücken- und Nackenschmerzen stehen ganz oben auf der Liste der Krankheiten, die als Folge von unterdrückter Wut entstehen können.

Weiter kann lange unterdrückte Wut zu plötzlichen, starken Wutausbrüchen sowie zu aggressivem, nicht mehr kontrollierbarem Verhalten führen. Denn wenn sich die Wut zu lange angestaut hat, kann ein Gefühl von Ohnmacht und Schwäche entstehen, sodass die Wut letztendlich rausgelassen werden muss.

Dies kann dann mitunter in exzessiver Weise geschehen, die auch in körperlicher Gewalt ausufern kann. Diesen Umstand kann man mit einem Dampfdrucktopf vergleichen. Denn die Wut und die Aggressionsenergie sind nun einmal vorhanden; und suchen sich immer ein Ventil. Wenn wir über lange Zeit sehr viel Wut in uns tragen und diese unterdrücken, so staut sich die überschäumende Energie in unserem Körper (und auch in unserer Seele) an. Gleichsam einem Dampfdrucktopf sucht sie sich dann eine andere Möglichkeit, um zu ***„entweichen“*** und den Druck abzubauen, was sich in vielfältigen körperlichen und seelischen Beschwerden zeigen kann.

Die Folgen unterdrückter Wut können sich auch im Verhalten der entsprechenden Person äußern. So ist ***passiv-aggressives Verhalten*** oft die Folge von unterdrückter Wut. Menschen, die passiv-aggressiv reagieren, versuchen hierbei, die Wut zu umgehen und offen ausgetragene Wutausbrüche und direkte Konfrontationen mit anderen Menschen zu vermeiden. Da passiv-aggressive Menschen ihre Wut nicht offen ausleben, bemerken sie ihre eigene Wut oftmals gar nicht.

Die Tatsache, dass die Wut indirekt ausgedrückt wird, löst aber bei den Mitmenschen oftmals ebenfalls Wut aus. Beispiele für passiv-aggressives Verhalten ist z. B. ständiges (bewusstes) zu spät kommen, Fernbleiben vom Arbeitsplatz (krankschreiben lassen, obwohl keine Krankheit vorliegt), ***„Vergessen"*** von Terminen oder Nichtbeantwortung von Nachrichten. Auch heimliches Intrigieren und Schlechtmachen hinter dem Rücken einer anderen Person, gehört zu den Kennzeichen einer passiv-aggressiven Persönlichkeit. Passiv-aggressive Menschen machen gerne auch andere zum Sündenbock, anstatt eigenes Fehlverhalten zu reflektieren.

Ein weiteres Zeichen für unterdrückte Wut, ist die ***Konfliktscheu***. In diesem Fall gehen Menschen, - um nicht mit Ärger oder Wut konfrontiert zu werden – jedem Konflikt aus dem Weg. Sie sprechen ihre eigenen Bedürfnisse nicht an, sagen nie ***„nein"*** und ordnen sich sogar unter, um es nicht zu Konfrontationen kommen zu lassen.

Ein weiteres Anzeichen für unterdrückten Ärger kann ***Selbstgerechtigkeit*** sein. Insbesondere bei Menschen, die zu Perfektionismus und Zwangsstörungen neigen, kommt dieses Merkmal der unterdrückten Wut häufig vor. Diese Personen haben sehr hohe Erwartungen – an sich selbst ebenso wie an andere.

In seltenen Fällen kommt ***Paranoia*** als Warnsignal für unterdrückte Wut vor. Anstatt offen ihren Ärger und ihre Wut anzusprechen, projizieren solche Menschen ihre Gefühle auf andere.

Sie sind dann der Überzeugung, dass andere wütend auf sie sind – gleichwohl ***sie*** es selbst sind, die Ärger/ Wut verspüren. Solchen Personen fällt es oft schwer, anderen zu vertrauen. Das liegt daran, dass sie ständig davon ausgehen, dass andere ihnen übel mitspielen möchten.

Unterdrückte Wut, dieses zornige Gefühl, das wir empfinden, aber nicht ausleben, kann auch unsere gesamte ***Persönlichkeit*** verändern. Denn wenn wir Gefühle unterdrücken, spalten wir gleichzeitig einen Teil unserer Persönlichkeit ab. Dies tun wir aus – vermeintlichem – Selbstschutz, um nicht von den unterdrückten Emotionen, die stets im Zusammenhang mit einer seelischen Verletzung unserer Person stehen, überwältigt zu werden. Wer jedoch ***„negative“*** Gefühle blockiert, verliert auch die Fähigkeit ***„positive“*** Gefühle zu spüren und zu erleben. Ist dies der Fall, fühlen wir uns blockiert, freudlos, nicht mehr ***„heil“***.

Man kann es sich so vorstellen, als ob sich ein Schleier über uns und unsere Gefühle legt. Unter diesem Schleier nimmt man alle Gefühle nur noch gedämpft und nicht mehr vollständig wahr. Wir empfinden zwar keine Wut mehr, keine Traurigkeit und auch keine Angst mehr – aber gleichzeitig auch keine Lebensfreude und keine Liebe mehr.

In diesem Zustand können wir unser volles Potenzial nicht mehr ausleben, wir haben den Kontakt zu unserem Inneren, zu unserer Seele, verloren. Wir haben keine Anbindung mehr zu uns selbst, wir sind gefühlsarm geworden.

Die Lebendigkeit des Lebens geht verloren, die Tiefe und die Schönheit, all das, was unser Leben ausmacht. Oft empfinden wir eine innere Leere, wir fühlen uns erstarrt, nicht mehr lebendig, und tun alles, um diese inneren Leere zu überdecken: Wir stürzen uns in die Arbeit, flüchten in soziale Netzwerke, Gaming, Fernsehen. Wir sind auf Partys anzutreffen, bei Freunden, beim Sport, wir suchen jegliche Form der Animation, um nicht allein zu sein. Wir sind überall – nur nicht mehr bei uns selbst. Es ist wie ein Kampf gegen uns selbst, wenn wir unsere Gefühle unterdrücken. Letztendlich tritt ein Zustand auf, bei dem wir nicht nur vor unseren Gefühlen weglaufen – sondern auch vor unserem Leben.

Gefühle wollen jedoch gefühlt werden – und nicht unterdrückt, gesteuert oder kontrolliert werden. Wenn wir unsere Gefühle kontrollieren und unterdrücken, werden wir genau das Gegenteil erhalten: Die Kontrolle und das Unterdrücken der Gefühle bestimmen dann unser Leben. Wir führen einen Kampf gegen uns und unsere Gefühle, den wir nicht gewinnen können.

Je mehr wir uns gegen das Auftreten unserer Gefühle wehren, desto machtvoller kommen sie zu einem späteren Zeitpunkt zurück.

In diesem Zusammenhang sagte bereits **Sigmund Freund (1856-1939, österreichischer Arzt, Neurophysiologe, Tiefenpsychologe)** treffend:

„Nicht zum Ausdruck gebrachte Emotionen werden niemals sterben. Sie werden lebendig begraben und kommen zu einem späteren Zeitpunkt auf sehr unangenehme Weise wieder zum Vorschein.“

Weil wir zu viel Angst haben, die unterdrückten Gefühle, die in unserem Körper gespeichert sind, zu fühlen, etablieren wir Vermeidungsstrategien. Eine davon ist, dass wir uns in den Kopf flüchten. Viele von uns werden u. a. deshalb zu ***„Kopfmenschen“***, damit wir uns nicht auf die Ebene unsere Gefühle begeben müssen.

Die Wut herauslassen und seinem Ärger Luft machen?

Im vorherigen Kapitel haben wir über die schädlichen Wirkungen und die negativen gesundheitlichen Folgen von unterdrückter Wut gelesen. Wie wir gelernt haben, schadet es uns, wenn wir dauerhaft Ärger runterschlucken und Wut in uns hineinfressen. Bedeutet dies nun im Umkehrschluss, dass wir Dampf ablassen sollen, der Wut freien Lauf lassen sollen? – Also einfach nach Herzenslust auf den Tisch hauen, Türen zuschlagen, Geschirr zu Bruch bringen, wenn unsere Stimmung wie aus dem Nichts kippt und wir merken, dass wir vor Wut platzen könnten?

Das Herauslassen von Wut kann eine gute Möglichkeit sein, um sich zu erleichtern und die negativen Emotionen loszuwerden. Der Wut einfach mal freien Lauf zu lassen, kann sich für einen kurzen Moment richtig gut anfühlen. – man fühlt sich erleichtert, ist froh „mal so richtig die Meinung gesagt zu haben" und Druck abgebaut zu haben.

Der Rat, seiner Wut freien Lauf zu lassen, beruht auf der Katharsis-Hypothese (Katharsis: **altgriechisch** κάθαρσις ***„Reinigung"***). Die Theorie stammt aus der Psychologie und geht davon aus, dass sich Aggressionen im Laufe der Zeit anstauen und durch aggressive Ersatzhandlungen abgebaut werden können.

Diese Hypothese gilt jedoch mittlerweile als widerlegt. In mehreren Studien konnte in der Zwischenzeit sogar der gegenteilige Effekt festgestellt werden – So nimmt die Aggression nach jedem Ausüben von aggressivem Verhalten sogar zu. Aus diesem Grund ist es auf Dauer nicht empfehlenswert, seine Wut einfach herauszulassen.

Denn es entsteht langfristig sogar ein Teufelskreis der Wut: Aufbrausen und überschießende Wut führt oft zu Überreaktionen, die noch mehr Ärger und eine noch kürzere Zündschnur hervorrufen – der Stresspegel steigt kontinuierlich. Durch regelmäßige Wutausbrüche und Ausraster entsteht schließlich der ***„Dauerzustand Wut"*** – In diesem Fall werden ständig vermehrt Stresshormone ausgeschüttet, was mit gesundheitlichen Risiken einhergeht. Die Erregungsschwelle sinkt immer weiter, man ist schnell „auf Tausend", Phasen von Entspannung sind kaum mehr möglich. Wer seinem Ärger und seiner Wut also stets Luft macht, löst diese Emotionen nicht auf. Sie kochen vielmehr innerlich immer weiter und steigern die Aggressivität.

So sagte schon Buddha:

„In Wut zu verharren ist wie der Griff nach heißer Kohle, um sie nach jemandem zu werfen; du wirst dich dabei nur selber verbrennen."

So ist es auch nicht verwunderlich, dass Menschen, die stets auf ***„180"*** sind und ihrer Wut unkontrolliert nachgeben, eine geringere Lebenserwartung haben als Menschen, die konstruktiv mit ihrem Ärger umgehen. Denn wer die Wut völlig ungehemmt auslebt, läuft große Gefahr, gesundheitliche Schäden zu erleiden. So konnte ein Zusammenhang zwischen intensiven negativen Emotionen und dem Risiko für Herzinfarkt und Schlaganfall nachgewiesen werden. Es zeigte sich, dass bereits kurze Wutausbrüche erhebliche Auswirkungen auf die Gesundheit haben. So steigt in den ersten zwei Stunden nach einem Wutanfall das Risiko für einen Herzinfarkt um nahezu das Fünffache an. Die Ursache dafür ist, dass ein Wutausbruch eine starke Stressreaktion für den wütenden Menschen darstellt.

Die Stresshormone Adrenalin, Noradrenalin und Cortisol werden in vermehrtem Ausmaß ausgeschüttet, die Herzfrequenz erhöht sich, der Blutdruck steigt. Die Blutgefäße weiten sich, der Kopf wird puterrot, die Atmung ist beschleunigt. Häufige Wutausbrüche haben einen ständig erhöhten Pegel an Stresshormonen zur Folge. Auch Muskelverspannungen, Kopf-, Nacken- und Rückenschmerzen können sich einstellen.

Wiederkehrende Wut kann ebenfalls Angstzustände, depressive Verstimmungen und ein angeknackstes Selbstwertgefühl nach sich ziehen. Auch die Lebensqualität und das allgemeine Wohlbefinden können erheblich unter Wutausbrüchen leiden.

Doch wohin mit der Wut, werden Sie sich vielleicht nun fragen. Weder das unkontrollierte Herauslassen der Wut noch die Unterdrückung derselben haben sich als gangbarer Weg erwiesen. Da die Ursachen der Entstehung von Wut – wie wir gelernt haben – komplex sind und oft ein Zusammenspiel mehrerer Faktoren eine Rolle spielen, gibt es auch keinen Königsweg beim Umgang mit der Wut.

Wichtig ist es, in diesem Zusammenhang zu verstehen, dass die Wut, die nach außen ausagiert wird, nicht gleichbedeutend ist, mit der Wut ist, die wir fühlen. So kann man aggressiv und wütend gegenüber anderen Menschen auftreten, joggen gehen oder auf einen Boxsack einschlagen, ohne dabei das Gefühl der Wut zu spüren. Ja, man kann während dieser Vorgänge sogar das Fühlen der Wut unterdrücken.

Wie wir aber im Kapitel ***„Erleben Sie Ihre Gefühle bewusst“*** gelesen haben, ist das Fühlen der Wut unabdingbar, um dieses Gefühl annehmen und auflösen zu können. Gefühle von Wut sind immer ein Indikator dafür, dass eine Grenzverletzung stattgefunden hat. D. h. unsere Wertvorstellungen, unsere Ehre, unser Selbstwertgefühl sind mit Füßen getreten worden. Sowohl wer die Wut unkontrolliert auslebt als auch wer diese unterdrückt, bleibt in diesem unguten Gefühl stecken, kann es nicht auflösen.

Daher ist es von großer Bedeutung, dass Sie sich mit Ihrer eigenen Wut auseinanderzusetzen und die Auslöser selbst erkennen.

Doch wie genau können Sie das Wut-Problem nun angehen? Wut und Aggressionen rauslassen zu wollen, um inneren Druck loszuwerden, ist ein menschliches Bedürfnis. Diesem nachzugehen, kann allerdings auf Dauer zu noch mehr Aggression führen.

Die Kunst besteht infolgedessen darin, einen goldenen Mittelweg im Umgang mit dem hitzigen Gefühl zu finden. Da Wut auch immer im Zusammenhang mit einem erhöhten Stresspegel steht, ist es zunächst wichtig, den Stresspegel dauerhaft zu senken. Das kann mittels verschiedener Methoden geschehen – an dieser Stelle seien Meditationen, Achtsamkeitsübungen, Yoga, Sport und andere Entspannungstechniken genannt. Die einzelnen Methoden werden in den jeweiligen Kapiteln näher vorgestellt.

Guter Umgang mit Wut

Ein guter Umgang mit der Wut beinhaltet zunächst, - wie wir gelesen haben - sich mit den eigenen Gefühlen der Wut zu konfrontieren: Dies bedeutet, dass wir unsere Gefühle nicht verdrängen, nicht unterdrücken, nicht vor ihnen davonlaufen, nicht gegen sie ankämpfen, uns aber auch nicht mit ihnen identifizieren. Stattdessen setzen wir uns mit dem Gefühl bewusst auseinander - auch wenn es mitunter schmerzhaft ist. Denn wenn wir uns unserer Wut bewusstwerden und diese annehmen, dann kann diese zu einem Indikator für unsere wahren Bedürfnisse werden. Wenn die Wut betrachtet und angenommen wird, hat sie ihren Zweck erfüllt. Infolgedessen kann sie sich auflösen und verabschieden – gleichsam einem traurigen Kind, das getröstet wurde und dessen Bedürfnisse gestillt wurden.

Wut zeigen, aber in Maßen

Wie kann es überhaupt so weit kommen, dass wir so wütend werden, dass wir regelrecht in Rage verfallen? Wut tritt immer dann auf, wenn unsere Grenzen verletzt werden, wenn wir uns persönlich angegriffen fühlen, unsere Ziele blockiert oder unsere Bedürfnisse übergangen werden, uns Unrecht angetan wird.

Wie aber können wir die Wut runterfahren und gleichzeitig das Bewusstsein dafür stärken? Wie lässt sich ein Mittelweg zwischen Wutausbruch und Unterdrückung des Ärgers finden?

Ein Standardtipp lautet bspw. ***„kurz aus der Situation herauszugehen“***, oder ***„eine Nacht darüber zu schlafen“***. So legt man einen Puffer zwischen die Grenzüberschreitung und den möglichen Wutausbruch und ehe man sich versieht, ist die Wut möglicherweise schon abgekühlt.

Weiter kann man – wenn der erste Ärger verraucht ist – bei der entsprechenden Person, welche die Wut ausgelöst hat, die Thematik ansprechen. Man erklärt, dass man nicht bereit ist, Grenzüberschreitungen zu tolerieren, dass man erlittenes Unrecht nicht duldet usw. Der gezielte und überlegte Einsatz von Wut ist also der gangbare Weg. Anstatt ***„vor Wut explodieren“*** oder ***„den Verstand verlieren“***, ist es ratsam, beruhigende Atemübungen oder entsprechende Affirmationen zu sprechen, ehe man sich mit der Person, die unsere Grenzen überschritten hat, auseinandersetzt. Das erfordert freilich Selbstdisziplin und Übung. Wer anderen Menschen jedoch mit kühlem Kopf gegenübertritt und seine Argumente sachlich formuliert, kann viel eher gewinnen als ein Mensch, der völlig die Fassung verliert.

Da Stress ein starker Auslöser – nicht die Ursache – für Wutausbrüche sein kann, ist es wichtig, den Stresspegel mittels entsprechenden Entspannungstechniken zu senken. Denn Stress versetzt unseren Körper in ständige Alarmbereitschaft, infolgedessen unser Körper ständig mit Stresshormonen geflutet wird.

Auch Pausen und Zeiten der Erholung sind wichtig, um die Stresshormone in Schach zu halten. Wer es schafft, seinen Stresspegel zu senken, wird weniger häufiger ***„an die Decke gehen“*** oder ***„aus der Haut“*** fahren.

Auch Ihren persönlichen Triggern auf die Spur zu kommen, ist eine wichtige Komponente zur Vermeidung von Wutausbrüchen. Wer die Auslöser von Wutausbrüchen kennt, kann entsprechende, wirksame Umgangsstrategien entwickeln. Weiter ist es ratsam, ein Wut-Tagebuch zu führen, in dem Sie Ihre Gedanken und Gefühle dokumentieren. Hierbei ist es besonders wichtig, Ihre Gefühle bei und nach einem Wutausbruch zu Buch zu bringen.

Weitere Möglichkeiten, den Stresspegel zu senken und damit Wutausbrüchen vorzubeugen, ist regelmäßige Bewegung und ausreichend Schlaf. Da jeder Mensch anders ist, führen auch hier viele Wege nach Rom. Während es dem einen Menschen hilft, zu meditieren, ist es einem anderen Menschen dienlich, zu malen, zu puzzeln oder Musik zu hören.

Wie bereits beschreiben, ist es sinnvoll, für einen Moment oder auch für einen oder mehrere Tage aus der Situation herauszugehen. Natürlich ist der Grat schmal zwischen der bewussten Entscheidung, die Aufarbeitung Ihrer Emotionen auf einen späteren Zeitpunkt zu verlegen und der unbewussten Handlung, die Gefühle zu unterdrücken.

Darum ist es umso wichtiger, sich seiner Gefühle wirklich bewusst zu werden, wie bereits mehrmals angesprochen wurde. Infolgedessen können Sie bspw. Ihre Gefühle bewusst zur Seite schieben und diese zu einem späteren Zeitpunkt betrachten, zu erleben und diese aufzulösen – anstatt im Moment der Grenzüberschreitung zu explodieren und in Rage zu verfallen.

Bestenfalls erfüllen Gefühle den Zweck, Unstimmigkeiten in unserem Leben aufzuspüren und Veränderungen anzustoßen.

Sich die Wut zunutze machen

Gefühle transportieren uns Botschaften und sind daher Quellen der Selbsterkenntnis. Gerade auch die Wut weist uns drauf hin, was in unserem Leben präsent ist. Wo sind möglicherweise unerfüllte Bedürfnisse, wo unerreichte Ziele? Wo gibt es Traumata aus der Kindheit, die noch nicht aufgelöst wurden? Insofern kann die Wut uns dienlich sein, indem sie uns auf (unerkannte) Probleme oder eine Schieflage in unserem Leben hinweist. Erreichen wir es, dass wir vom Zustand des Denkens ins Fühlen kommen, können wir uns wieder mit unseren wahren Bedürfnissen verbinden, diese erkennen. Haben wir unsere Bedürfnisse erkannt, können wir Änderungsprozesse in unserem Leben in Gang setzen.

Wut kann also unser Weckruf sein, um unsere Gefühle zu betrachten und uns dieser bewusst zu werden. Wut ist dann nicht unser Dämon, den wir bekämpfen müssen, sondern eine Verbindung zu uns und unseren Gefühlen. Nehmen wir das Leben in all seinen Facetten an, werden wir wieder lebendig und heil. Heil werden, bedeutet auch, scheinbar negative Gefühle wie Wut und Trauer in unser Leben zu integrieren.

Wie Sie mit Ärger und Wut besser umgehen und gelassener werden

Nehmen Sie Ihre Gedanken wahr und ändern Sie diese

Wie wir bereits gelesen haben, müssen wir uns unserer Wut bewusstwerden, diese annehmen und auch zulassen. Sprechen Sie auch mit vertrauten Personen über ihre Wut und schreiben Sie Ihre Gefühle auf. Dies ist die beste Art, mit der Wut umzugehen – so wird diese verarbeitet, anstatt dass sie verdrängt wird.

Stellen Sie sich bestimmte Situationen nochmals in Gedanken vor und spielen Sie diese durch – auf diese Weise bauen Sie eine gewisse Distanz zu der Situation auf, gleichzeitig ergeben sich Lösungen, indem Sie Ihre Gedanken ändern.

Finden Sie heraus, was Ihren konkreten Ärger auslöst. Greift ein Kollege oder ein Chef bspw. Ihre Berufsehre an, dann lautet vielleicht der Gedanke, der in Ihnen ausgelöst wird, folgendermaßen: ***„Der Kollege darf meine Berufsehre nicht mit Füßen treten. Er hat kein Recht, das zu tun."***

Nehmen Sie diesen Gedanken wahr und ändern ihn folgendermaßen um: ***„Ich leiste sehr gute Arbeit, die Kritik des Kollegen/ Chefs kann mich nicht angreifen. Er kann meine Berufsehre nicht verletzen."***

Werden Sie mal wieder finanziell oder emotional ausgenutzt, so mag Ihr erster Gedanke sein: ***„Jetzt wurde ich schon wieder ausgenutzt. Ich habe mit vollem Herzen Gefühle geschenkt, und nun wurde ich hintergangen. Undank ist der Welten Lohn."***

Ändern Sie nun Ihre wütenden Gedanken und sagen Sie sich: ***„Ich bin ein gebender Mensch und verschenke lieber Gefühle/ Geschenke, als dass ich andere ausnutze. Ich bewahre mir meine Gutherzigkeit und möchte nicht verbittert werden."***

In wieder einem anderen Fall erleben Sie eine persönliche Kränkung. Sie sind wütend, fühlen sich ohnmächtig und hilflos. Stattdessen können Sie sich sagen: ***„Mit meiner Wut gebe ich diesem Menschen Macht über mich. Ich lasse es nicht zu, dass dieser Mensch Macht über mich erhält. Indem mich dieser Mensch kränkt, zeigt er in Wirklichkeit nur seine (Charakter-)Schwäche."***

Je öfters Sie Ihre Gedanken ändern, umso souveräner und gelassener werden Sie in Zukunft mit Situationen umgehen können, die zunächst Wut bei Ihnen auslösen. Sie werden lernen, einst belastende Situationen nicht mehr überzubewerten, und diesen keine übermäßige Aufmerksamkeit mehr zu schenken. Denn negative Gedanken sind nur Moment-Aufnahmen, die wie Wolken an uns vorbeiziehen.

Bleiben Sie geduldig, auch Rückschläge sollten Sie nicht entmutigen. Mit der Zeit deuten wir die Situationen, die uns belasten und beschäftigen, um und geben ihnen einen anderen, positiveren Rahmen.

Ihre Einstellung und infolgedessen auch Ihre Gedanken können Sie auch ändern, indem Sie sich bewusst machen, dass das Fehlverhalten anderer Ihre Wut auslöst – insofern sind ***Sie*** es, der unter dem Fehlverhalten anderer leidet, während der Verursacher der Wut sich möglicherweise noch über Ihre Wut lustig macht oder sich daran weidet. Möchten Sie diesen Sieg den Menschen, die Ihnen nichts Gutes wollen, gönnen? Ihre Antwort darauf lautet mit Sicherheit ***„Nein"***.

Eine weitere Möglichkeit, Ihre Gedanken zu ändern, ist ein Wechsel der Perspektive. So können Sie froh sein, sich aus der Wut auslösenden Situation entfernt zu haben. Jetzt können Sie bspw. zu sich sagen: ***„Gut, dass ich die Situation hinter mir gelassen habe. Ich bin dankbar dafür, jetzt in einer wohltuenden Umgebung zu sein. In diesem Moment gibt es nichts, was mich belastet oder worüber ich mir Sorgen machen müsste."***

Ein weiterer Weg, Ihre Gedanken zu ändern, ist es, alles mit mehr Humor zu nehmen. Lachen Sie einfach über die Situation, welche Wut bei Ihnen auslöst, bewahren Sie sich Ihren Humor. Kein noch so unangenehmer Umstand ist es wert, dass man darüber in Wut verfällt. Sehen Sie auch unangenehme Situationen mit einem zwinkernden Auge, vieles ist nicht so schlimm, wie es im ersten Moment scheint. Seien Sie sich gewahr, wie klein Ihr ärgerliches Ereignis im Angesicht der wirklichen Probleme in der Welt ist.

In einem weiteren Schritt können wir hinterfragen, wie eine außenstehende, neutrale Person die Situation und Ihre damit einhergehenden negativen Gedanken und Ihre Wut beurteilen würde. Betrachten Sie die ganze Situation nochmals aus einem anderen Blickwinkel, als wären Sie ein Unbeteiligter, eine in den Ärger nicht involvierte Person.

Gedanken ändern hat nichts – wie man möglicherweise annehmen könnte – mit dem Unterdrücken von negativen Gedanken oder mit ***„Schönfärberei"*** zu tun. Fakt ist, dass negative Gedanken nicht unterdrückt werden sollen, sondern dass positive Gedanken gefördert werden sollen. Eine Situation ist oft nicht per se gut oder schlecht, sondern wird es erst durch unsere Interpretation.

So können wir uns bspw. über das regnerische Wetter ärgern und zornig aus dem Fenster schauen und auf die Sonne warten. – oder wir können Gummistiefel und Regenmantel anziehen und nach draußen marschieren. Da unser Gehirn eher bereit ist, auf negative Gedanken und Ereignisse zu achten, und diese zu speichern, ist das Fördern von positiven Gedanken und auch ab und zu ein Wechsel der Perspektive eine gute Möglichkeit, mehr Positives in unser Leben zu lassen. Neue Gedankenmuster kann man bspw. anlegen, indem man sich bewusst auf das Positive fokussiert. Welche Gedanken tun Ihnen gut? Sind es Gedanken an einen schönen Spaziergang im Wald? Oder tut es Ihnen gut, wenn Sie an Ihr(e) Tier(e) oder liebe Mitmenschen denken? Beflügelt Sie der Gedanke an den nächsten Urlaub? Oder an die Gartenparty mit lieben Freunden? Lassen Sie ruhig öfters Ihre Gedanken zu positiv besetzten Inhalten schweifen.

Abstand gewinnen

Ziehen Sie sich aus der Situation heraus, die Sie wütend macht. Entschuldigen Sie sich bei Ihrem Gegenüber, und erklären Sie, dass Sie sich für einen Moment zurückziehen möchten. Gehen Sie – sofern es möglich ist – für mindestens fünf Minuten weg, um sich zu beruhigen. Diese kurze Zeit, die Sie (bspw. im Toilettenraum) für bewusste Atemtechniken oder Affirmationen nutzen können, reicht oft schon aus, um wieder einen ***„kühlen Kopf"*** zu bekommen. Die Distanzierung hilft Ihnen dabei, sich zu sammeln und zu warten, bis die erste Wut verraucht ist.

Sie können auch zu der Person, die Ärger bei Ihnen ausgelöst hat/ die Sie gekränkt hat, sagen, dass Sie die Angelegenheit zu einem späteren Zeitpunkt klären möchten.

Auch eine Nacht über eine Sache, - die Sie vielleicht wutschnaubend ansprechen wollen – schlafen, ist ein alter, aber nichtsdestotrotz hilfreicher Tipp. Denn mit etwas Abstand betrachtet, sehen viele Dinge am nächsten Tag schon ganz anders aus.

Die Perspektive wechseln

Der Wechsel der Perspektive von einer persönlichen, meist sehr emotionalen Ebene hin zu der – möglicherweise auch sehr emotionalen – Position des Gesprächspartners oder des neutralen Beobachters erfordert anfangs Übung und auch sicherlich Überwindung. Denn sich gedanklich in die Perspektive des Gesprächspartners zu versetzen, mit dem man gerade eine wütende Auseinandersetzung hat, scheint wenig verlockend. Nichtsdestotrotz kann es lohnend sein, sich in die Gedankenwelt des Gegenübers hineinzuversetzen. Darüber hinaus kann man die Position eines neutralen Beobachters einnehmen, der nicht in die Sache involviert ist. Infolgedessen kann man neue Impulse für eine feststeckende, emotional aufgeladene Situation erhalten. So können Sie sich fragen: Wie würde ein unbeteiligter Beobachter, der von außen die Situation betrachtet, diese beurteilen? Welche Hinweise und Ratschläge würde er Ihnen geben? Würde er auch Ihrem Gegenüber seinen Standpunkt mitteilen? Der neutrale Beobachter kann einige festgefahrene Situation relativieren und entschärfen, insofern das Arbeiten mit dem ***„neutralen Beobachter"*** ein wertvolles Instrumentarium ist.

Schreiben Sie einen Brief

Ziehen Sie sich an einen Ort zurück, an dem Sie nicht gestört werden. Schreiben Sie dem Menschen, der tiefe Wut in Ihnen ausgelöst hat, einen Brief.

Schreiben Sie offen all das nieder, was sich in Ihnen angestaut hat und was Sie klären und loswerden möchten. Den Brief, der nur für Sie gedacht ist und den Sie nie abschicken werden, können Sie, wenn Ihnen danach zumute ist, zerreißen und verbrennen.

Sie müssen nicht notwendigerweise einen Brief schreiben, sondern können Ihre Wut auch zu Papier bringen, ohne sich direkt an jemanden zu wenden. Schreiben Sie in diesem Fall einfach Ihre Beschwerden und Vorwürfe und auch die damit einhergehenden Gedanken und Gefühle auf.

Humor hilft

Eine gehörige Portion Humor macht vieles im Leben leichter und hilft gerade in schwierigen und emotional aufgeladenen Situationen. Lachen Sie über sich selbst, lachen Sie über den anderen, lachen Sie über die ganze Lage. Das bedeutet nicht, dass Sie sich oder andere auslachen oder die Situation nicht ernst nehmen oder diese verharmlosen. Humor macht die Umstände für Sie leichter, Lachen ändert Ihre Wahrnehmung und hilft dabei, loszulassen. Zudem baut bewusstes Lachen Stresshormone ab und hilft Ihnen so dabei, zu entspannen.

Ist die Angelegenheit den Ärger wert?

Natürlich gibt es Situationen, in denen Ihnen und/ oder anderen Personen Unrecht getan wurde, in denen Ihre Grenzen überschritten wurden. Hier können Sie nicht einfach ***„Schwamm drüber"*** sagen und die Sache ad acta legen. Bei anderen Situationen können Sie sich dagegen die Frage stellen, ob es wirklich wert ist, dass Sie sich darüber aufregen. Ist es der andere wert, dass ich mich so durch ihn stressen lasse?

Sie können sich auch überlegen, wie Sie die Situation in einem Jahr oder in einem Monat bewerten würden. Vieles, über das Sie sich im Moment aufregen, relativiert sich dann. Sei es der vor der Nase abgefahrene oder verspätete Zug, sei es der Drängler auf der Autobahn. Solche Situationen gehören einfach zum Leben dazu, sie sind es aber nicht wert, sich darüber aufzuregen. Wenn Sie sich dieser Tatsache bewusstwerden, kann die Wut schnell verrauchen und sich in nichts auflösen.

Gedanken-Stopp

Wenn Ihre wütenden Gedanken überhandnehmen, liegt es in Ihrer Macht, diese augenblicklich zu unterbrechen, indem Sie ein rotes Stopp-Schild visualisieren und in Gedanken – oder besser noch laut – ***„Stopp"*** sagen. Wiederholen Sie das Wort bei Bedarf mehrmals, bis Sie tatsächlich die Gedankenspirale verlassen haben. Das Gute an der Technik des Gedankenstopps, die aus der kognitiven Verhaltenstherapie stammt, ist: **Je öfter Sie diese Technik anwenden, umso besser und effektiver können Sie damit das Gedankenkarussell der Wut unterbrechen.**

Wichtig ist, dass Sie sich nach dem Gedankenstopp unmittelbar einer anderen Tätigkeit zuwenden. Sie können ein Buch lesen, Ihre Gedanken aufschreiben oder einen Spaziergang machen. Bei einem sogenannten Achtsamkeitsspaziergang schalten Sie bewusst alle wütenden Gedanken aus und konzentrieren sich ausschließlich auf das, was Sie fühlen, hören, sehen.

Das Grübeln über negative Gedanken darf freilich nicht mit der Auseinandersetzung mit der Wut oder dem Fühlen von Wut verwechselt werden. Denn während man bei der Auseinandersetzung mit der Wut konstruktive Lösungen erhält, gibt es beim sinnlosen Gedankenkreisen keine Lösung. Am Ende des Grübelns besteht das Problem weiter, zudem fühlen wir uns meist noch wütender und/ oder ohnmächtiger.

Sprechen Sie die Person an

Weiter kann man – wenn der erste Ärger verraucht ist – bei der entsprechenden Person, welche die Wut ausgelöst hat, die Thematik ansprechen. Man erklärt, dass man nicht bereit ist, Grenzüberschreitungen zu tolerieren bzw. dass man erlittenes Unrecht nicht duldet usw.

Formulierungen, mit denen man seine Argumente transportieren kann, können etwa sein ***„Mir gefällt nicht…"*** oder ***„Ich habe in dieser Situation erwartet…"***.

Die Wut wegatmen

„Und je freier man atmet, je mehr lebt man."

(**Theodor Fontane 1819-1898, dt. Schriftsteller und Apotheker**)

Der Atem beeinflusst unsere Gefühle und umgekehrt beeinflussen Gefühle unsere Atmung. Atmung und körperliche bzw. psychische Befindlichkeiten hängen eng zusammen. So ist es unmöglich, einerseits ruhig und entspannt zu atmen und andererseits wütend zu sein.

Wer hat es nicht schon selbst erlebt, dass bei großer Wut der Atem sprichwörtlich stockt - Nicht von ungefähr sagen wir ***„da bleibt mir die Luft weg"***, wenn wir großen Ärger verspüren. Andererseits kann die Atmung bei Wut und Ärger auch rasch und flach sein, mit eingestreutem Wutschnauben oder Seufzern. Das Verhängnisvolle daran ist, dass das falsche Atemmuster uns noch mehr Stress bereitet, uns also in der Wut gefangen lässt. Die sich steigernde Wut verfestigt wiederum ihrerseits die falsche Atemtechnik, sodass sich falsche Atmung und Wut in einer Art Teufelskreis gegenseitig verstärken.

Aus diesem Teufelskreis kann man sich jedoch befreien, indem man auch gerade in brenzligen Situationen auf eine richtige Atemtechnik achtet: Mittels dieser kann man die Wut ***„wegatmen"***, das Nervensystem beruhigen und wieder ins Gleichgewicht bringen. Infolgedessen entspannt sich der Körper, die Wut lässt nach.

In stressigen Situationen, aber auch generell, atmen wir meist zu schnell und zu flach. Häufig wird zudem beim Einatmen in den Brustkorb anstelle in den Bauch geatmet. Das Zwerchfell – der wichtigste Atemmuskel – kommt meist erst gar nicht zum Einsatz.

So findet eine Bauchatmung oft überhaupt nicht statt, und wenn, dann auch noch oft falsch: So wird der Bauch beim Einatmen eingezogen anstatt nach vorne gewölbt.

Insbesondere in Zeiten von großer Belastung ist es aber wichtig, tief und langsam zu atmen – so wird der Körper ausreichend mit Sauerstoff versorgt und innere Spannungen werden gelöst. Bei einer bewussten, tiefen Atmung wölbt sich der Bauch beim Einatmen nach vorne, beim Ausatmen entspannt sich das Zwerchfell wieder und die Bauchdecke wölbt sich nach innen, verbrauchte Luft wird so herausgepresst.

Eine flache Brustatmung führt dagegen nicht nur zu einem Gefühl der Enge und zu Verspannungen, sondern auch zu einer mangelnden Sauerstoffversorgung des Körpers, da der untere Teil der Lunge schlechter durchblutet wird. Müdigkeit und eine verminderte Leistungsfähigkeit gehen hier häufig mit einer suboptimalen Atemtechnik einher.

Richtiges Atmen will also (wieder) gelernt sein. Denn eine korrekte Atmung ist eine wunderbare Quelle für Gesundheit und Wohlbefinden. Der Schlüssel zu nachhaltiger Gesundheit liegt in einer tiefen Bauchatmung. Der Körper zieht dabei ein Maximum an Luft in die Lungen, auf diese Weise kann jede Zelle im Organismus mit Sauerstoff versorgt werden. Der wohltuende Effekt ist sofort spürbar. Richtig atmen, bedeutet, die Luft ohne Anstrengung und ohne Druck tief in den Bauch hineinströmen zu lassen – anschließend lässt man bei der Ausatmung die Luft wieder aus dem Körper entgleiten.

Die richtige Atmung befreit uns von Stress - psychische und körperliche Verspannungen lösen sich, auch ein erhöhter Puls beruhigt sich.

Die bewusste Atmung erfolgt in gleichmäßigem Rhythmus: ***Einatmen – Ausatmen – Einatmen. Wir lassen den Atem kommen, wir lassen den Atem gehen***. Wir lassen den Atem geschehen, wir beobachten, wie der Atem wiederkehrt.

Der bewusste zugelassene Atem

Der natürliche Atem wird bewusst wahrgenommen, Ziel ist das freie Fließen des Atems. Beim bewussten zugelassenen Atem werden die Bewegungen des Einatmens und Ausatmens ganz selbstverständlich zugelassen - hierbei wird der individuelle Atemrhythmus wieder neu entdeckt und vertieft. Das Atemgeschehen wird bewusst kennengelernt und erfahren.

Durch die Praxis des bewusst zugelassenen Atems wird die Lebensenergie gestärkt, auch die innere Balance wird wieder hergestellt. Die Widerstandskraft von Körper und Seele wird stabilisiert, die Einheit von Atem und Körper wird intensiv erlebt.

Es atmet in uns, in jeder Sekunde unseres Lebens, wir sind Atem.

Wir werden hierbei bestimmt vom Wechsel von Ein- und Ausatmung, von Aufnehmen und Loslassen. Im ruhigen Fluss des Atems können Geist und Seele zur Ruhe kommen. Die tiefe Atmung ist leicht, wohlig, warm und entspannt – und dies spiegelt auch das Körpergefühl des Menschen wider. Die natürliche Atmung geht einher mit psychischem und physischem Wohlbefinden. Bewusstes Atmen ist bei Bedarf jederzeit möglich. Das macht die Übungen der Atemtherapie zu einem idealen Helfer im Alltag, um Beschwerden zu lindern und stressige Situationen zu meistern.

Schon ein tiefes Seufzen hin und wieder sorgt für eine Komplettbelüftung der Lungen und kann helfen, Wut und Stress abzubauen.

Die Atemwahrnehmung – Grundlage für das Erlernen von Atemtechniken

Die Wahrnehmung bzw. Beobachtung der eigenen Atmung ist die Grundlage bzw. Voraussetzung für das Erlernen von Atemtechniken.

Erst durch die bewusste Atmung lassen sich bestimmte Merkmale wie die eigene Atemhäufigkeit oder die zeitliche Länge der Ein- und Ausatmung (der Atemrhythmus) erfühlen. Die Atemwahrnehmung hilft auch dabei, festzustellen, ob eine Brust- oder Bauchatmung vorliegt, ob die Atmung tief oder flach ist und ob Atemgeräusche zu hören sind. Um die Atemwahrnehmung zu üben, benötigen Sie vor allem Ruhe, Zeit und eine bequeme Körperhaltung.

Legen Sie Ihre Hände auf den Bauch und die Brust und konzentrieren Sie sich ganz auf Ihre Atmung. Versuchen Sie zu erspüren, zu fühlen, wie Sie atmen.

Wie atme ich?

- Atme ich tief oder flach, schnell oder langsam?
- Atme ich durch die Nase oder durch den Mund?
- Atme ich leise oder sind Atemgeräusche zu hören?
- Wie lange dauern die Ein- bzw. die Ausatmung?
- Wo kann ich die Atembewegung am meisten spüren?
- Wie lange dauert die Pause nach der Ausatmung?
- Was passiert, wenn Sie eine Hand auf Ihren Bauch legen?
- Hebt sich die Bauchdecke oder ziehen Sie den Bauch ein?

Die Atemwahrnehmung wird fortgesetzt mit Übungen des bewussten Atmens – also z. B. durch gezieltes Atmen in den Bauch oder in die Brust.

Idealerweise wird gefühlt und erspürt, wie sich die Atmung vom Zwerchfell in Richtung Bauch anfühlt. Gleichzeitig wird der Atem bewusst in Körperregionen geleitet, wo er sonst weniger präsent ist.

Entspannende Gedanken und Worte begleiten die tiefe Atmung. Folgende Worte können bspw. gewählt werden: ***Ich spüre meinen Atem...die Gedanken kommen und gehen...ich lasse die Gedanken vorbeiziehen, wie Wolken am Himmel...ich halte sie nicht fest...zulassen und ziehen lassen...ich vertraue mir und meiner Atmung...ich bewerte nicht, ich fühle...es atmet mich...ich bin Atem...ich nehme den Atem an und lasse ihn zu...***

Ein Satz aus der Atemtherapie nach Ilse Middendorf lautet etwa ***„Wir lassen den Atem kommen, wir lassen ihn gehen und warten, bis er von selbst wieder kommt."*** Dieser Satz verdeutlicht, welches Vertrauen in die Atmung gelegt wird und welch' heilende Beziehung man zur eigenen Atmung entwickeln kann.

Den eigenen Atemrhythmus finden

Einen ruhigen und gleichmäßigen Atemrhythmus trainiert man, indem man durch die Nase in den Bauch hinein atmet und etwa doppelt so lange ausatmet. Sowohl das Einatmen, aber insbesondere das Ausatmen führt zu tiefer Entspannung. Beachten sollte man, dass man nach dem Einatmen nicht die Luft anhält, sondern unmittelbar danach ruhig ausatmet. Erst nach einem kompletten Atemvorgang wird eine kurze Atempause eingelegt. Atmen Sie hierbei doppelt so lange aus, wie Sie eingeatmet haben. Wenn Sie einatmen, sollten Sie ganz tief unten in der Bauchgegend beginnen, berühren Sie hierbei Ihren Bauch, um die Atmung zu spüren.

Der Bauch sollte sich beim Einatmen heben und beim Ausatmen senken. Stellen Sie sich vor – um diesen Vorgang einfacher zu gestalten – Sie riechen an einer wohlduftenden Rose oder Sie atmen frische Meeresluft ein.

Atmen Sie zehn Mal bewusst auf diese Weise.

Einfache Übung zum Finden des Atemrhythmus

Setzen Sie sich auf einen Stuhl. Versuchen Sie, bei der Einatmung zu den Händen hin zu atmen. Üben Sie bei der Ausatmung einen leichten Druck mit den Händen aus, um die Ausatmung zu unterstützen.

Zweite Übung zum Finden des Atemrhythmus

Setzen Sie Sich auf einen Stuhl. Lassen Sie die Arme locker an der Seite nach unten hängen. Mit der Einatmung die Handinnenflächen nach vorne drehen und die Schultern nach hinten unten zusammenziehen. Mit der Ausatmung langsam wieder lösen.

Hauchatmung

Hauchen Sie ganz langsam in die Handfläche, so als ob Sie diese anfeuchten wollten. Nun atmen Sie wieder durch die Nase ein. Wiederholen Sie diese Übung, bis Ihre Hand ganz warm geworden ist. Die Übung führt zu einem tiefen und ruhigen Atemrhythmus.

Zwerchfellatmung

Stellen Sie sich aufrecht hin. Ihre Füße sind hierbei geschlossen, die Arme hängen locker nach unten.

Stellen Sie sich nun vor, Ihr Bauch sei ein Blasebalg, der die Luft durch die Luftröhre hinausbläst. Atmen Sie jetzt langsam durch die Nase ein. Blähen Sie Ihren imaginären Blasebalg weit auf, Ihr Bauch wird sich hierbei nach vorne wölben. Atmen Sie ruhig und langsam durch die Nase aus. Ihr Blasebalg drückt die Luft aus Ihrer Lunge heraus.

Ihr Bauch wird hierbei flach und flacher.

Legen Sie zusätzlich Ihre Hände auf den Bauch - So spüren Sie das Heben und Senken Ihres Atems.

Wiederholen Sie diesen Vorgang einige Minuten, bis Sie eine tiefe Entspannung spüren. Ihr Körper ist nun wieder mit Sauerstoff aufgetankt.

Die tiefe Bauchatmung

Um die Bauchatmung kennenzulernen, gibt es eine einfache Übung, die herrlich entspannend wirkt und auch zwischendurch ausgeführt werden kann. Der Körper liegt hierbei mit dem Rücken auf einer bequemen Unterlage, die Beine sind aufgestellt und angewinkelt.

Die Arme liegen locker neben dem Körper. Nun ertasten die Hände die Bauchdecke und werden auf diese gelegt - eine Hand befindet sich oberhalb des Nabels, die andere unterhalb. Die Hände ruhen jetzt sanft auf der Bauchdecke, es kann erspürt werden, wie sich die Bauchatmung nun automatisch einstellt und nach einer Weile immer mehr vertieft. Dies verschafft ein Gefühl der Erdung und der Zentriertheit. Diese Übung kann so lange fortgeführt werden, wie es angenehm ist. Um die Übung zu beenden, genügt es, sich ausgiebig auf der Unterlage zu räkeln und zu strecken sowie herzhaft zu gähnen.

Drehdehnlage

Diese Übung ermöglicht es, die Atmung bewusst zu lenken, zudem ist tieferes Atmen möglich.

Legen Sie sich mit locker aufgestellten Beinen auf den Rücken und lassen Sie die Beine so weit wie möglich zur rechten Seite kippen.

Platzieren Sie nun Ihren linken Arm ausgestreckt neben dem Kopf auf die rechte Seite.

Dehnen Sie mit jeder Einatmung den Arm immer weiter nach oben und nach rechts in Verlängerung des Körpers. Beim Ausatmen wird die Körperspannung etwas gelöst. Wiederholen Sie die Übung fünfmal und wechseln Sie anschließend die Seite.

Übung für eine gute Bauchatmung

Bei dieser Übung kann die Luft optimal in die Lunge fließen. Zum Üben legen Sie sich auf den Rücken und stellen Sie Ihre Beine leicht gewinkelt an. Falls es für Sie bequemer ist, können Sie Ihren Kopf auf ein kleines Kissen betten. Legen Sie nun Ihre Hände locker auf den Bauch, atmen Sie langsam und tief durch die Nase ein, bis sich der Bauch unter Ihren Händen leicht anhebt.

Versuchen Sie, die Atmung gezielt in den Bauch zu lenken. Ihre Hände dienen hierbei dem Nachspüren des sich hebenden Bauchs.

Wiederholen Sie die Übung circa fünf Mal.

Übung für die Brustatmung

Bei der Brustatmung heben sich sowohl der Brustkorb als auch die Rippen. Die Lunge dehnt sich hierbei aus und vergrößert den Brustraum.

Zum Üben legen Sie sich auf den Rücken und stellen Sie Ihre Beine leicht gewinkelt an. Den Kopf können Sie ggf. auf ein kleines Kissen betten, falls dies für Sie bequemer ist.

Legen Sie die Hände nun locker auf die Brust, atmen Sie langsam und tief durch die Nase ein, bis sich der Brustkorb unter Ihren Händen leicht hebt.

Versuchen Sie, die Atmung gezielt in die Brust zu lenken, Ihre Hände dienen dabei dem Nachspüren des sich hebenden Brustkorbs. So können Sie die bewusste Brustatmung besser kontrollieren.

Wiederholen Sie die Übung circa fünf Mal.

Wut löst sich in nichts auf

Überlegen Sie, wann Sie das letzte Mal so richtig wütend waren. Ist Ihnen Unrecht widerfahren, hat der Kollege Sie gemobbt, die Schwiegermutter genervt?

Situationen, in denen man an die Decke gehen könnte, gibt es mehr als genügend. Insbesondere Umstände, denen wir nicht ohne Weiteres entfliehen können und denen wir uns hilflos ausgesetzt fühlen, stressen uns enorm.

Versetzen Sie sich genau in eine solche bereits erlebte Lage. Schließen Sie die Augen und empfinden Sie die zuletzt gefühlte Wut nach und stellen Sie sich die Situation vor, die Sie in diesen Zustand der Rage gebracht hat.

Atmen Sie dabei ganz tief und ruhig ein und aus. Atmen Sie weiter. Was passiert?

Funktioniert es auf einmal nicht, dass Sie auch dieses Mal wütend reagieren? Gratulation, denn gerade haben Sie den Wert und das Wesen einer entspannten und tiefen Atmung am eigenen Leib erlebt. Sie haben nun gelernt, wie Sie die Atmung bewusst einsetzen können, um etwa Ärger und Wut buchstäblich in Luft auflösen zu lassen. Nichts kann Sie aus der Ruhe bringen. Diese Erkenntnis ist simpel und die Anwendung ist einfach – nichtsdestotrotz setzen wir diese Technik viel zu selten ein. Machen Sie es sich zur Gewohnheit, bei allen Formen von anstehendem Ärger, den Atem ruhig fließen zu lassen.

Die Heilkraft der Atmung

Die Atmung kann seelische Stimmungen beeinflussen - und gleichzeitig können Stimmungen die Atmung beeinflussen. Freude, Traurigkeit, Angst, Ärger, Wut und Trauer regen die Atmung an oder hemmen sie.

Empfinden wir Wut, sind wir schnell- und kurzatmig, und haben manchmal das Gefühl, keine Luft mehr zu bekommen. Sind wir dagegen ruhig und gelassen, haben wir einen langen und tiefen Atem.

Das Wunderbare am Atmen ist, - das haben wir gelernt - dass dies auch umgekehrt funktioniert. Denn wenn wir bewusst in langen und tiefen Atemzügen atmen, verschwinden Gefühle von Wut und Enge – stattdessen entsteht Platz für Gelassenheit und Weite.

Wenn Erfahrungen als überwältigend und traumatisch empfunden werden und nicht zu Ende erlebt und abgespalten werden konnten, können daraus Blockaden entstehen.

Dies lässt uns innerlich erstarren und enger werden - und beschränkt uns in der Entfaltung unserer vielfältigen Ressourcen und Entwicklungsmöglichkeiten. Gerade unsere Psyche ist aber ganz eng mit dem Atem verbunden: So ***„schnauben wir vor Wut“***, „müssen erst mal durchatmen, seufzen andererseits auch vor Erleichterung.

Anstatt tief durchzuatmen, halten wir oft ganz sprichwörtlich die Luft an. Tiefe Seufzer sind nicht etwa nur Ausdruck von mangelnder Selbstkontrolle, sondern sie sind oft ein Hilferuf der überforderten Seele. Durch tiefes Seufzen wollen wir uns daher nicht nur ausreichend Luft, sondern auch die Möglichkeit der Entspannung einverleiben.

Andererseits ***„verschlägt es einem den Atem"***, ***„es fehlt die Luft zum Atmen"***, ***„der Atem stockt"*** oder es muss ***„erst mal tief durchgeatmet werden"***. Glücklich sind wir andererseits, wenn ***„wir frei und aus tiefer Seele atmen"***.

„Halt mal die Luft an" sagen wir dagegen zu Menschen, die zu weit gehen oder Grenzen überschreiten.

Unser bewusster Atem lässt uns diese Blockaden (z. B. in Form von Angst, Traumata, seelischen Narben und Verletzungen, Enttäuschungen) nach und nach wahrnehmen. Lassen wir den bewussten Atem zu, kommen diese Blockaden in Bewegung und können Schicht um Schicht abgetragen und aufgelöst werden - bis wir mehr und mehr unsere ursprüngliche Kraft und Lebendigkeit sowie unsere eigentliche Persönlichkeit in uns spüren.

Gelingt es uns, uns von altem Ballast sowie von Ängsten und Sorgen zu lösen, wird auch der Atem befreit. Man wird leichter, lebendiger, bewusster – Leben im Hier und Jetzt ist wieder möglich. Richtiges Atmen fördert Präsenz und Klarheit, gleichzeitig wird ein Zustand der Unerschütterlichkeit und Gelassenheit erreicht.

Wir lernen auch, besser mit stressigen und schwierigen Situationen umzugehen, Wut und Enttäuschung können nicht mehr die Oberhand gewinnen.

Eine Situation ändert sich nicht per se – jedoch die Sicht auf die Dinge ändert sich, gleichsam als würde ein Schalter umgedreht. Der Mensch kann sich von Altlasten lösen, vieles Belastende verliert an Bedeutung und tritt in den Hintergrund.

(Viele Atemübungen und weitere Ausführungen über die heilende Kraft der Atmung können Sie bei Interesse meinen Büchern **„Atme Dich gesund - Die wunderbare Heilkraft der Atmung“** und **„Atmen im Rhythmus von Sonne und Mond“** entnehmen.)

Schreitherapie (vokale Expression von unterdrückten Gefühlen)

Im Alltag und im Berufsleben sind wir nicht gewohnt, unserer Wut und unserem Ärger freien Lauf zu lassen – wobei Wut und Ärger oft Reaktionen auf Ohnmacht, Hilflosigkeit und Frustration sind. So machen wir unserem Ärger meist keine Luft, sondern wir halten uns zurück, reißen uns zusammen. Wut ist in unserer Gesellschaft eine nicht akzeptierte Gefühlsäußerung. Wenn wir wütend reagieren, gelten wir als unbeherrscht, haben uns ***„nicht im Griff"***, verlieren die Contenance. So schlucken wir negative Gefühle und insbesondere auch Wut lieber runter. Deshalb ist es wichtig, von Zeit zu Zeit ***„Dampf abzulassen"***. Denn unser Körper – und auch unsere Seele - steht unter Energieüberschuss, ist aufgeladen. Durch Schreien – man kann dies im stillen Kämmerchen tun, in der Natur usw. – wird dem Körper und der Seele die Möglichkeit gegeben, Energien auszugleichen und den Körper von Wut und Stress zu befreien. Auf diese Weise finden wir wieder zu Ausgeglichenheit, während Frustration und Aggression abgebaut werden. Gleichzeitig finden wir den Mut zur eigenen Stimme und zum eigenen Körper wieder.

Schreitherapie - Schreien befreit
© Depositphotos.com - feeddough

Autogenes Training

Autogenes Training ist eine Art Selbsthypnose, die durch Autosuggestion zur Entspannung und zum Lösen von inneren Blockaden führt. Verschiedene Übungen bauen hierbei aufeinander auf, nach der Phase der allgemeinen Beruhigung konzentrieren sich die Gedanken auf das Erleben verschiedener Eindrücke, z. B. von Schwere und Wärme, auf die Atmung, den Puls usw. Autogenes Training ist ein auf Autosuggestion (Selbstbeeinflussung) basierendes, didaktisch klar gegliedertes Verfahren zur Selbstentspannung – es ist ein Weg zu innerer Ruhe und Kraft, zum Abschalten, Loslassen und Erholen. Es ist eine weitverbreitete und anerkannte Methode, um u. a. Stress und psychosomatische Störungen zu behandeln. Das ***Autogene Training*** wurde vom Berliner Arzt **Johannes Heinrich Schultz (1884-1970)** entwickelt, dessen Lebensleistung freilich durch seine Rolle während der NS-Zeit verdunkelt ist.

Autogenes Training kann in einer Gruppe oder in Einzelkursen unter Anleitung eines Psychologen oder Arztes innerhalb einiger Wochen erlernt werden. Es kann aber auch im Selbststudium erlernt werden, wovon aber mitunter abgeraten wird, um keine Fehlprogrammierung auszulösen.

Zum Zwecke des Selbststudiums gibt es nichtsdestotrotz viele Bücher, die häufig zusätzlich mit einer CD ausgestattet sind. Vorrangiges Ziel des Autogenen Trainings ist es, einen Zustand des Wohlbefindens, der Harmonie, der Ausgeglichenheit und Entspannung zu erreichen. Dies erreicht man bspw. durch Sätze wie ***„Gedanken kommen und gehen“***. Die bekannteste Formel ist jedoch ***„Ich bin ruhig und gelassen“***. Durch ständiges Üben und Repetieren dieser Formel prägt sich diese ins Unterbewusstsein ein und verselbstständigt sich.

Somit kann man die Formel im Alltag gerade auch in schwierigen Situationen anwenden, durch das Abrufen der Formel kehren auch in stressigen Situationen wieder Ruhe und Gelassenheit ein. Allein die Vorstellung der Entspannung und das mentale Visualisieren führen tatsächlich zu tiefer Entspannung.

Beim Autogenen Training unterscheidet man die ***„Unterstufe“*** und die ***„Oberstufe“***. Bereits innerhalb der Grundstufe lässt sich mit den Komponenten der Schwere- und der Wärmewahrnehmung nach mehrwöchigem Training eine psychovegetative Gesamtumschaltung erreichen.

Zusätzliche Organübungen vertiefen die Körperwahrnehmung. Dabei wird das Ziel verfolgt, sich selbst in einen Zustand der Entspannung zu bringen. In der Unterstufe werden besonders körperliche Vorgänge beeinflusst. Dabei versucht der Übende, sich ausschließlich auf seinen Körper zu konzentrieren.

Hierbei liegt er entspannt auf dem Rücken oder befindet sich in der sogenannten Droschkenkutscherhaltung. Die richtige Körperhaltung fördert eine maximale Entspannung. Zu den Grundübungen gehören Schwereübungen (z. B. ***„mein Arm ist schwer“***), Wärmeübungen, Atemübungen (z. B. ***„mein Atem ist ganz ruhig“***), Bauchübungen, Herzübungen und Stirnübungen (z. B. ***„mein Kopf ist leicht“***).

In der Oberstufe des Autogenen Trainings kommt es zur Vorstellung von Bildern (z. B. eine Rose, eine brennende Kerze) und von selbst gewählten Situationen (z. B. eine Reise auf den Meeresgrund oder auf den Gipfel eines Bergs). Durch das Hineinversetzen in einen entspannten Zustand kann so die Möglichkeit zur Lösung von Problemen und zur Linderung oder Heilung von Krankheiten geschaffen werden.

Angewandt werden kann Autogenes Training bei vielen Beschwerden und Erkrankungen. Neben Wut und Ärger sind dies bspw. chronische Müdigkeit, Erschöpfung, Burn-out, Stress, innere Unruhe, Muskelverspannungen, Herz-Kreislauf-Erkrankungen, Schlafstörungen, Migräne.

Autogenes Training
© Depositphotos.com - YAYImages

Progressive Muskelentspannung - Abbau von Stress nach Jacobson

Stehen wir unter Stress und Anspannung, so ist meist auch die Muskulatur unbewusst angespannt. Seelische Belastungen führen zu körperlichen Verspannungen, die z. B. mit Rücken- und Nackenschmerzen oder Kopfschmerzen einhergehen. Bei seelischen Problemen können sich auch Magen und Darm verkrampfen, was zu entsprechenden gesundheitlichen Problemen im Magen-Darm-Bereich führen kann. Umgekehrt kann eine entspannte Muskulatur auch zu mehr Ruhe und Gelassenheit verhelfen. Diese Tatsache – die wechselseitige Beziehung zwischen Anspannung von Körper und Seele – macht sich die Progressive Muskelentspannung zunutze.

Die ***Progressive Muskelentspannung*** wurde bereits im Jahre 1938 von dem US-amerikanischen Arzt **Edmund Jacobson (1888-1983)** entwickelt, in den 60er Jahren des vorherigen Jahrhunderts kam diese Entspannungstechnik auch nach Deutschland.

Durch zahlreiche wissenschaftliche Untersuchungen konnte Jacobson nachweisen, dass sich Angst und Stress in Form von muskulösen Verspannungen äußern. Diese Verspannungen treten bei jedem Menschen auf, allerdings können diese mehr oder weniger stark sein sowie ganz verschiedene Muskelgruppen betreffen.

Die Progressive Muskelentspannung ist eine der bekanntesten Methoden zur Verminderung und Prävention von Stress und Anspannungen, außerdem wird Stress nicht nur abgebaut, sondern das Gehirn wird auch sensibilisiert und kann so neu auftretenden Stress schneller erkennen und vermeiden.

Die Palette der Einsatzgebiete ist lang und reicht von Wut und Ärger bis zu Muskelanspannungen, Angst, Stress, Schlafstörungen, innerer Anspannung, Unruhezuständen und Nervosität bis hin zu Spannungskopfschmerzen, Migräne und Tinnitus sowie Konzentrationsstörungen und Bluthochdruck. Die Progressive Muskelentspannung ist kinderleicht zu erlernen, überall einsetzbar und wirkt meist schon nach der ersten Anwendung positiv.

Das Prinzip ist denkbar einfach, es beruht auf der Wechselbeziehung von psychischer und muskulärer Anspannung. Denn sind wir psychisch angespannt, sind auch der gesamte Körper und somit auch die Muskeln angespannt. Im Umkehrschluss führt eine aktive Entspannung der Muskeln gleichzeitig zu einer Entspannung der Psyche, was wiederum eine zunehmende Muskelentspannung zur Folge hat – ein positiver Kreislauf der Entspannung ist entstanden. Je mehr die Muskeln entspannt werden, desto ruhiger und entspannter wird auch die Psyche.

Die Durchführung der Progressiven Muskelentspannung ist einfach und ohne großen Aufwand durchzuführen: Alles, was Sie dazu brauchen, ist die Bereitschaft zur Ruhe und Entspannung.

Setzen oder legen Sie sich bequem und entspannt hin. Alsdann werden verschiedene Muskelpartien vom Kopf bis zum Fuß gezielt nacheinander angespannt und nach kurzer Zeit wieder losgelassen. Die Anspannung dauert etwa fünf bis zehn Sekunden, die Entspannung sollte mindestens doppelt so lange dauern. Man beginnt üblicherweise mit den Händen, geht dann zu den Armen über, anschließend zum Nacken, zum Gesicht und zum Rücken bis hin zu den Beinen und den Füßen.

Durch den Kontrast von Muskelanspannung und -entspannung nimmt man die eintretende Entspannung wesentlich intensiver wahr als ohne vorherige Anspannung. Im Laufe der Übung werden alle Körperteile angespannt und dann wieder losgelassen, der Text für den rechten Arm lautet etwa: ***Spannen Sie Ihren rechten Arm an. Fühlen Sie die Anspannung? Halten Sie die Spannung, dann entspannen Sie den rechten Arm. Spüren Sie, wie sich der Arm wieder entspannt, mehr und mehr?*** Am Ende der Gesamtübung nehmen Sie die Entspannung zurück. Räkeln und strecken Sie sich, atmen Sie tief ein und aus. Nach dem Üben werden Sie sich ganz wach und frisch fühlen.

Die Progressive Muskelentspannung ist ohne Weiteres im Selbststudium in Form einer geführten Audio-CD oder auch in einem Kurs erlernbar. Ideal ist auch, dass die Methode ohne weitere Hilfsmittel jederzeit und an jedem Ort einsetzbar ist.

Muskelentspannung nach Jacobson

Meditation – Den Geist entleeren, um klar zu sehen

„Der Geist muss leer sein, um klar zu sehen."

(**Jiddu Krishnamurti, 1895-1986, indischer Philosoph und Autor**)

Wie oft kreisen die Gedanken, die uns einfach nicht zur Ruhe kommen lassen: Unsere Gedanken werden beherrscht von Ärger, Stress und Ängsten. Und wie sehr wir uns auch bemühen, es fällt uns meist schwer, den üppigen Ballast in unserem Gehirn abzuwerfen und abzuschalten. Meditation kann dabei helfen, den Geist zu leeren und loszulassen.

Bei regelmäßigem Üben durchbrechen wir das Gedankenkarussell und können im Hier und Jetzt verweilen. Der Moment wird mit allen Sinnen intensiv wahrgenommen, der Alltag mit seinen Sorgen spielt keine Rolle mehr. Man lernt durch Meditation, seine Gedanken zu steuern - anstatt umgekehrt von den Gedanken gesteuert zu werden. Der Geist gewinnt an Klarheit, Körper und Seele können wieder ins Gleichgewicht gebracht werden – der Mensch findet seine Mitte wieder. Ein Gefühl des inneren Friedens stellt sich ein, Körper und Seele finden Entspannung und Ruhe. Der Meditierende kann sich von (schlechten) Gewohnheiten lösen, er erkennt die Motive seines Handelns und gewinnt so an Weisheit. Wer regelmäßig meditiert, wird bereits nach kurzer Zeit mehr Ruhe, Harmonie, Glück, Frieden und innere Kraft verspüren.

Meditation (abgeleitet von den lateinischen Wörtern ***„meditatio"*** = „Ausrichtung zur Mitte" und von ***„medius"*** = ***„mittlerer"***) beschreibt eine in vielen Religionen und Kulturen geübte spirituelle Praxis. Hierbei soll sich der Geist durch Achtsamkeits- und Konzentrationsübungen beruhigen und sammeln.

Die angestrebten Bewusstseinszustände werden oft mit Begriffen wie ***Stille, Leere, Eins-Sein***, im ***Hier und Jetzt sein*** und mit ***frei von Gedanken*** beschrieben. In östlichen Kulturen gilt das Meditieren als eine grundlegende und zentrale bewusstseinserweiternde Übung. Meditation als spirituelle Praxis ist dabei immer auch in unterschiedliche religiöse, psychologische und ethische Lehrgebäude eingebunden. In westlichen Ländern dagegen wird die Meditation auch unabhängig von religiösen Aspekten oder spirituellen Zielen zur Unterstützung des allgemeinen Wohlbefindens, zum Stressabbau und im Rahmen der Psychotherapie praktiziert. Es gibt eine fast unüberschaubare Vielfalt an Meditationstechniken, die sich nach ihrer jeweiligen religiösen Herkunft unterscheiden. Besonders im Hinduismus, Buddhismus und Taoismus besitzt die Meditation eine ähnliche Bedeutung wie das Gebet im Christentum.

Neben den traditionellen Meditationstechniken wurden vor allem seit den 70er Jahren des 20. Jahrhunderts im Westen viele von fernöstlichen Lehren inspirierte und an westliche Bedürfnisse angepasste Meditationsformen angeboten.

Alle Meditationsarten haben das Ziel, einen vom Alltagsbewusstsein unterschiedenen Bewusstseinszustand herbeizuführen, in dem das gegenwärtige Erleben im Vordergrund steht, im Gegensatz zum gewohnten Denken fehlen Bewertungen sowie der Blick in die Vergangenheit (Erinnerung) oder in die Zukunft (Pläne, Ängste). Durch die Meditation soll ein Bewusstseinszustand erreicht werden, in dem gleichzeitig äußerste klare, hellwache Achtsamkeit und tiefste Entspannung möglich sind.

Generell unterscheidet man zwei Gruppen von Meditationsarten: Die passive (kontemplative) Meditation, die im stillen Sitzen praktiziert wird, und die aktive Meditation, bei der körperliche Bewegung, achtsames Handeln oder auch lautes Rezitieren zur Meditationspraxis gehören. Im allgemeinen Sprachgebrauch wird unter Meditation meist nur die passive Form verstanden, so wie sie bspw. in Abbildungen des meditierenden Buddhas symbolisiert wird.

Zu den aktiven Meditationstechniken gehören bspw. Tantra, Yoga und die Kampfkünste. Bei der Meditation richten Sie Ihre Aufmerksamkeit ganz gezielt auf nur ein Objekt - im Unterschied zu Handlungen im Alltag, bei denen Sie sich auf wechselnde Reize konzentrieren. Als Objekt der Konzentration empfiehlt sich die Wahl eines Wortes, wie z. B. ***Om - So-Ham - Ham*** - diese Laute wirken gleichzeitig beruhigend. Ziel ist es, den Geist von allen anderen Gedanken zu entleeren - wenn Ihre Gedanken abschweifen, kehren Sie unverzüglich zu Ihrem gewählten Laut zurück.

Wichtig ist außerdem die Meditationshaltung, d. h. eine Körperstellung, in der Sie über längere Zeit bewegungslos verharren können. Beginnen Sie die Meditationen mit einer Dauer von 20 Minuten und steigern Sie sich langsam auf eine Stunde.

Meditation

Meditation *Tauchgang - Ins Reich der Stille abtauchen*

Für diese Meditation brauchen Sie etwas Zeit, da Sie besonders wirksam ist, wenn Sie anschließend noch etwas ruhen können und nicht sofort wieder in den Alltag zurückfinden müssen. Legen Sie sich auf die Couch, Ihr Bett oder einen gemütlichen, dicken Teppich, die Arme längs des Körpers. Nehmen Sie eine lockere, entspannte Haltung ein und schließen Sie die Augen. Konzentrieren Sie sich ein paar Minuten auf Ihre Atmung. Lösen Sie verbleibende Verspannungen mithilfe eines Body-Scans von den Haarwurzeln bis zu den Zehenspitzen. Achten Sie besonders auf ein lockeres Gesicht. Entspannen Sie Ihren Kiefer. Öffnen Sie leicht die Lippen, wenn Sie möchten. Stellen Sie sich nun vor, Sie lassen sich wie ein professioneller Taucher mit Anzug, Bleigürtel, Maske und Sauerstoffflaschen von einem Boot rücklings ins Meer kippen. Vernehmen Sie ein dumpfes Platschgeräusch beim Eintauchen. Richten Sie Ihre Aufmerksamkeit auf den monotonen, regelmäßigen Rhythmus Ihres Atemgeräts und lassen Sie sich immer tiefer ins Wasser sinken. Bemerken Sie die wohltuende, absolute Stille zwischen Ihren langen, ruhigen Atemzügen. Sehen Sie sich selbst beim Tauchprozess zu. Sehen Sie sich mühelos durchs Wasser gleiten.

Außer ein paar Luftblasen, die von Ihrem Atemgerät aufsteigen, sind keinerlei Bewegungen um Sie herum zu sichten. Sie gelangen zu einer Sandbank am Meeresboden. Entscheiden Sie sich, etwas hierzubleiben. Lassen Sie sich von der Strömung hin- und herwiegen. Schauen Sie Ihren Luftblasen beim Aufsteigen zu. Sehen Sie das Licht der Sonne durch die Wasseroberfläche brechen. Nehmen Sie den Rumpf des Bootes wahr, das oben auf Sie wartet. Welche Farbe hat der Unterboden?

Sehen Sie einen kleinen Fischschwarm vorbeischwimmen? Genießen Sie die Stille. Hier unten kann Ihnen der Trubel an der Oberfläche nichts anhaben. Hier gibt es keinen Stress, keine störenden Gedanken, keine Ängste, keine Wut. Hier ist es ruhig und friedlich. Machen Sie sich bewusst, dass Sie immer wieder an diesen Ort der Ruhe zurückkehren können, sobald Sie es sich wünschen. Entschließen Sie sich nun, langsam zu Ihrem Boot zurückzukehren. Setzen Sie sanft und ohne Anstrengung Ihre Taucherflossen in Bewegung, um wieder an die Oberfläche zu gelangen.

Hören Sie das Rauschen der Wellen und Möwengeschrei beim Auftauchen. Klettern Sie über eine Leiter an Bord Ihres Bootes. Befreien Sie sich von Ihrer Maske und Ihrem Atemgerät. Atmen Sie tief durch. Legen Sie sich noch eine Weile in Ihr Boot, um Ihren Tauchgang zu verarbeiten und langsam wieder Kontakt mit der Oberflächenwelt aufzunehmen. Fühlen Sie das geruhsame Schaukeln der Wellen unter Ihnen, lauschen Sie den Meeresvögeln, spüren Sie die wärmende Sonne auf Ihrem Gesicht. Bleiben Sie so lange in Ihrem Boot, wie es Ihnen guttut.

Wenn Sie die Meditation beenden möchten, berühren Sie mit beiden Händen den Stoff Ihrer Couch, Ihrer Bettdecke oder Ihres Teppichs. Dann öffnen Sie die Augen.

Meditation zum Loslassen

Finden Sie einen aufrechten Sitz - auf Ihrem Meditationskissen, einem Yogablock, einem Stuhl oder einem kleinen Hocker ohne Stuhllehne. Lassen Sie die Arme locker hängen, schließen Sie die Augen und richten Sie den Fokus ausschließlich auf Ihren Atem. Lassen Sie diesen tief durch die Nase ein und ebenso tief durch die Nase wieder ausströmen.

Atmen Sie und beobachten Sie Ihren Atem - Sie sind ganz auf den Atem konzentriert, es gibt ansonsten nichts zu tun, in diesem Moment. Geben Sie sich selbst eine kleine Affirmation: Bei jedem Einatemzug sagen Sie gedanklich zu sich: ***„Ich atme ein – frische Energie, neue Impulse, neue Kraft"***. Bei jedem Ausatemzug wiederholen Sie ***„Ich lasse los"***. Wiederholen Sie die Übung fünf bis zehn Mal, bis Sie spüren, dass Ihr Atem ruhiger und langsamer werden darf. Dann beginnen Sie die Schultern von vorne nach hinten zu kreisen. Ruhig und gleichmäßig, bilden Sie erst kleine, dann immer größere Kreise. Stellen Sie sich vor, dass alles, was auf Ihren Schultern lastet, abfallen darf.

Wiederholen Sie diese Übung zehn Mal. Dann lassen Sie die runden, kreisenden Bewegungen in die andere Richtung, also von hinten nach vorne, gehen. Wiederholen Sie hier ebenfalls zehn Mal. Lassen Sie alles los, was Sie belastet, was Sie erschöpft und was Sie Energie kostet: Hier wären bspw. Selbstmitleid zu nennen, weiter Wut, Festhalten und Verharren in Themen, die sich als belastend erwiesen haben. Dinge, die nicht zu ändern sind, sollten Sie zu akzeptieren lernen. Die Kombination von Bewegung und richtiger Atmung hilft uns bei der Auflösung von Denkmustern und Blockaden, in denen wir mitunter gefangen sind. Nehmen Sie noch einen tiefen, letzten Einatemzug, lassen Sie den Atem nun über den Mund ausströmen und öffnen Sie langsam Ihre Augen. Kommen Sie wieder im Hier und Jetzt an. Diese Übung können Sie jederzeit wiederholen, wenn Sie aus stressigen Situationen oder Gedankenkreisen ausbrechen möchten.

(Mehr Meditationen finden Sie bei Interesse in meinem Buch ***„Meditations- und Achtsamkeitsübungen. Zeit des Loslassens, Zeit des Neubeginns"*** Achiel-Verlag 2024)

Die Macht der Gedanken

„Lass trübes Wasser zur Ruhe kommen, dann wird es klar werden, und lass deine schweifenden Gedanken und Wünsche zur Ruhe kommen."

(**Buddha, 563-483 v. Chr.**)

In diesem Kapitel lernen Sie die beeindruckende Macht der Gedanken kennen – die Gedanken manipulieren uns, aber gleichzeitig können wir diese auch nach unseren Regeln spielen lassen. Nicht umsonst heißt es, dass wir das Produkt unserer Gedanken sind. So können wir eingefahrenes Gedankengut ohne Weiteres zu unserem Vorteil und zu unserem Gunsten verändern. Gedanken haben eine ungeheure Kraft und sind omnipräsent. Wann kommt es schließlich einmal vor, dass man an überhaupt nichts denkt? Das Gedankenkarussell ist stets in Bewegung, die Gedanken kreisen unentwegt. Gedanken, die wie Sturmwellen ewig tosen und toben, lassen uns kaum zur Ruhe kommen. Wie unglaublich entspannend und heilsam – ja, auch heilsam – kann es dagegen sein, mal an gar nichts zu denken, ruhig zu werden, den Geist zu leeren. Das kann z. B. beim Versenken in eine Meditation passieren, beim Vertiefen in Yogaübungen oder auch beim konzentrierten Spiel. Die Gedanken können auch frei werden beim Gefühl des Eins-Sein mit der Natur, etwa auf dem Gipfel eines Bergs oder beim Betrachten eines Sonnenuntergangs. Diese gedanken-lose Momente sind zutiefst entspannend und wohltuend.

Welche Macht dagegen gerade unangenehme Gedanken haben, weiß jeder, der nachts schon einmal vor Sorgen wach gelegen ist – sei es aus Furcht wegen einer unsicheren Zukunft, sei es aus Angst um schwer kranke Angehörige.

Ohne es zu wollen, verheddern wir uns in einer endlosen Grübel-Schleife.

Im Allgemeinen bestimmt der Alltag unser Leben, eingefleischte Gewohnheiten sind der Schlüssel dazu. Das hat durchaus Vorteile. Denn bei regelmäßigen Tätigkeiten und Handlungen braucht man nicht mehr nachzudenken, diese laufen gleichsam automatisiert ab. Die Gewohnheiten führen sozusagen ein Eigenleben. Natürlich sind wir uns der Macht solcher automatisierter Handlungen meist gar nicht mehr bewusst, weil diese tief im Unterbewusstsein abgespeichert sind.

Das Unterbewusstsein kann man mit einem riesigen Speicher vergleichen, in dem alle Arten von Gewohnheiten, Emotionen und Erlebnisse gelagert sind. Da wir uns dessen gar nicht gewahr oder bewusst sind, sind wir ungewollt Opfer unserer Gewohnheiten – das Wort Opfer bezieht sich freilich nur auf schlechte Gewohnheiten. Anders ausgedrückt: Wir müssen wieder Verantwortung für unser Unterbewusstsein entwickeln - so paradox sich das auch anhören mag.

Denn das Unterbewusstsein darf man nicht als Feind betrachten, sondern als Verbündeten für die Durchsetzung der eigenen Pläne. So müssen wir die Kontrolle über unser Unterbewusstsein gewinnen und dieses zur Umprogrammierung anspornen. Alte negative Gedanken können so gelöscht werden und durch neue positive Glaubenssätze ersetzt werden. Statt positiv zu denken, sabotieren wir uns oft selbst und lassen negative Gedanken zu und diese sogar die Oberhand gewinnen. Wir haben jedoch die Wahl, wir können frei Entscheidungen treffen, was uns vom Tier unterscheidet. So können wir unsere Gedanken zu unserem Vorteil und Gunsten verändern. Denn unsere Gedanken formen unser Gehirn – die Daten in unserem Gehirn sind formbar, sie sind keine unveränderbare Konstante.

So entsteht nach und nach aus der alten Routine eine neue Routine, eingefahrene Gleise werden verlassen.

Deshalb gilt es, sich die Macht der Gedanken zunutze zu machen und neue mentale Kräfte zu entwickeln. Wir müssen also stets auf unsere Gedanken achten und diese hegen, denn diese sind letztendlich unser Schicksal. Für eine Neuprogrammierung muss gleichsam die Reset-Taste gedrückt werden und Platz für neues Gedankengut geschaffen werden.

Positiven Gedanken Raum geben

Vergegenwärtigen Sie sich nur einmal, von wie vielen negativen Gedanken wir tagtäglich beherrscht werden. Hass, Neid und Eifersucht fressen viele Menschen buchstäblich auf.

Es ist beeindruckend, wie Menschen sich gegenseitig unnötig das Leben schwer machen. Wir bewerten und verurteilen unsere Mitmenschen und setzen uns auch selbst unter Druck. Verdrängen Sie negative Gedanken ganz bewusst und geben Sie diesen keinen Raum. Hören Sie ganz aufmerksam auf die innere Stimme, die an allem rummäkelt und an vielem etwas auszusetzen hat. Verscheuchen Sie diese dunklen Gedanken und Gefühle aus Ihrem Leben. Drücken Sie ganz bewusst die Stopp-Taste.

Lassen Sie positive Gefühle überwiegen: Mut, Freude, Heiterkeit. Lernen Sie, diese Gefühle zu leben und zu erleben. Denn wir sind nicht zuletzt auch das Produkt unserer Gedanken und schaffen mit diesen unsere eigene Wirklichkeit. Denken Sie nur an das Beispiel vom halb vollen Glas Wein: Für den einen ist es halb voll, für den anderen halb leer - die Situation ist dieselbe, nur die Sichtweise verschieden. Denn eine Situation ist meist nicht per se gut oder schlecht, sondern wird es erst durch unsere Interpretation und Wertung. Nehmen wir andererseits etwa einen regnerischen Tag als Beispiel: Dem einen schlägt das Dauerrieseln aufs Gemüt und er wird mürrisch und ungehalten, der andere freut sich, läuft mit Regenstiefeln und Mantel durch die Gegend oder delektiert sich an gemütlichen Tee- und Lesestunden in der guten Stube.

Werden Sie sich daher Ihrer gesamten Gefühlspalette bewusst und überdenken Sie diese neu. Lösen Sie sich von eingefleischten Denkmustern und schaffen Sie neue, positive Gedanken.

Affirmationen

Affirmationen sind positive, selbstbejahende Sätze oder Aussagen, die wir uns immer wieder selbst vorsagen. Nach wiederholter Übung werden Affirmationen auf diese Weise zu festen Glaubenssätzen.

Affirmationen sind also mächtige Wegbereiter für unser Unterbewusstsein – Bewusstsein und Unterbewusstsein arbeiten bei dieser Methode Hand in Hand zusammen. Da unsere Gefühle, Gedanken und unser Handeln ihren Ursprung in unserem Gehirn haben, müssen wir genau da ansetzen. So werden durch konstantes Training tief verwurzelte negative Gefühle und Gedanken umprogrammiert und zu neuen, positiven Gedanken transformiert. Durch positive, bejahende Überzeugungssätze wird unser Unterbewusstsein also neu programmiert. Immer wieder gedacht oder gesprochen, wandern die Glaubenssätze tief in unser Unterbewusstsein und verwerfen dort Zweifel und negative Glaubenssätze. Bei der Ausübung der Affirmationen wird hierbei auf die Kraft der Gedanken und Visionen gesetzt. Dabei müssen dem Unterbewusstsein glaubwürdige und persönliche Affirmationen angeboten werden, um die erwünschte Wirkung zu erzielen.

So sollte die Affirmation ein ganz persönlich gewählter Satz sein, der einem gefällt und zusagt. Der Satz sollte zu der jeweiligen Person passen. So könnte eine Affirmation etwa lauten: ***„Ich bin ganz gelassen. Nichts stört meine innere Ruhe."*** Alternativ könnte die Affirmation lauten: ***„Ich habe Nerven wie Drahtseile."*** Die Ausformulierung in der Gegenwartsform zeigt eine deutlich stärkere Wirkung als das Vorsagen in der Zukunftsform. Affirmationen können wahlweise leise oder laut rezitiert werden. Es bereitet Freude, diese zu sprechen. Es herrschen weder Druck noch Zwang, sondern einzig Vertrauen in das gesteckte Ziel. Der Übende glaubt an sich, er kennt sein Ziel, das klar formuliert wird. Wer Affirmationen spricht, redet in positiver Weise mit seinem Körper, steht in ständiger Kommunikation mit sich selbst. Der Praktizierende erfährt durch regelmäßiges Üben mentale Kraft und Stärke, idealerweise trägt man seine Affirmationen abends etwa 10 Minuten vor.

Achtsamkeit

Achtsamkeitstraining hat das Ziel, die gegenwärtigen Gedanken, Gefühle und Körperempfindungen frei von jeglicher Wertung zu beobachten und anzunehmen, unabhängig davon, ob diese im Moment als angenehm oder belastend empfunden werden. Betrachten wir unsere Empfindungen auf diese Weise sozusagen wie ein Außenstehender, können Ängste, Grübeleien, Ärger und andere negative Gedanken als weniger bedrohlich wahrgenommen werden.

Achtsam sein, bedeutet, alle Vorgänge um uns herum mit ungeteilter, entspannter Aufmerksamkeit zu beobachten und alle Einzelheiten unserer Umgebung in uns aufzunehmen. Wir verlieren uns dabei nicht in Gedanken, sondern sind konzentriert und uns dessen gewahr, was Bewusstsein ist. Dem jeweiligen Moment wird zweckfrei begegnet – Achtsamkeit bedeutet auch, sich durch nichts ablenken zu lassen, denn der abgelenkte Geist ist ein gestresster Geist.

Achtsamkeit kann man üben, indem man sich ganz auf den Augenblick und auf das Hier und Jetzt konzentriert und sich ganz auf sich selbst besinnt, während man sich auf ganz einfache Dinge fokussiert - etwa auf das Atmen. Lernt man, achtsam zu sein, verändert sich das Denken wohltuend.

Negative Gedanken verlieren an Macht, und zum Vorschein kommen immer mehr die kleinen Freuden des Lebens und das Glück des Augenblicks. Man wird gelassener, belastende Situationen werden als weniger stressig empfunden. Zugleich gewinnen wir mehr Verständnis und Klarheit für unsere gewohnheitsmäßigen Gedanken, Gefühle und Reaktionen.

Nehmen Sie wahr, wie Sie sich fühlen, und widmen Sie allem Ihre gesamte Aufmerksamkeit. Die Intensität des erlebten Augenblicks wird Ihr Leben reicher und zufriedener machen - von Tag zu Tag.

Im Hier und Jetzt leben

Gerade wir Europäer neigen dazu, mit unseren Gedanken ständig in die Zukunft oder in die Vergangenheit abzuschweifen - und bewegen uns dabei viel zu selten im Hier und Jetzt. Entweder grämen wir uns wegen alter Fehler und trauern verpassten Chancen nach oder aber wir blicken sorgenvoll und voller Fragen in eine ungewisse Zukunft. Wenn wir uns aber tatsächlich nur auf den Augenblick konzentrieren würden - um wie viel glücklicher und zufriedener könnten wir sein, ohne Groll wegen vergangener Fehler und ohne Sorgen wegen der Zukunft. Gibt es etwas, was Sie just in diesem Moment ärgert oder ängstigt? Wenn Sie ehrlich sind, müssten Sie diese Frage meist verneinen. Und wie glücklich könnten Sie mit Goethes Faust zum Augenblicke sagen: ***„Verweile doch! Du bist so schön."*** Denn das Glück liegt oft einzig und allein im Augenblick. Lernen Sie den Augenblick mit all seiner Gewalt und Macht zu ergreifen - in all seinem Glück und auch in all seinem Schmerz. Denn sowohl das Glück als auch der Schmerz eines Augenblicks, beides sind unwiederbringliche Momente.

Folgende Geschichte möchte ich Ihnen in diesem Zusammenhang nicht vorenthalten: Ein weiser Mann wurde einmal nach dem Weg zum Glück gefragt, worauf seine Antwort lautete: ***„Wenn ich stehe, dann stehe ich, wenn ich gehe, dann gehe ich, wenn ich sitze, dann sitze ich, wenn ich esse, dann esse ich, wenn ich liebe, dann liebe ich…"***. Dann fielen ihm die Fragesteller ins Wort und sagten: ***„Das tun wir auch, aber was machst Du darüber hinaus?"*** Er sagte wiederum: ***„Wenn ich stehe, dann stehe ich, wenn ich gehe, gehe ich, wenn ich…".*** Wieder sagten die Leute: ***„Aber das tun wir doch auch!"*** Er aber sagte zu ihnen: ***„Nein - wenn ihr sitzt, steht ihr schon, wenn ihr steht, dann lauft ihr schon, wenn ihr lauft, dann seid ihr schon am Ziel."***

Lernen wir also, den Dingen, die wir gerade tun, mehr Aufmerksamkeit zu schenken - und legen wir die Zeitung beim Frühstück beiseite, schalten den Fernseher beim Gespräch ab und lassen bei der Arbeit unsere Augen von der Uhr - dann können wir wie Tina Turner in einem ihrer Songs sagen: ***„The future is this moment and not some place outside."***

Und uns wird klar, was der Theologe und Philosoph Meister Eckhart schon im späten Mittelalter erkannte: ***„Immer ist die wichtigste Stunde die gegenwärtige. Immer ist der wichtigste Mensch der, dem du gerade gegenüberstehst. Immer ist die wichtigste Tat die Liebe."*** Beherzigten wir stets diesen weisen Spruch - wie viel mehr Achtung würden wir dem Augenblick und unseren Mitmenschen entgegenbringen - schenkten wir diesen mehr Beachtung und Aufmerksamkeit, ohne mit unseren Gedanken schon wieder ganz wo anders zu sein.

Achtsamkeitsübung *Fokus - Unser Bewusstsein kanalisieren*

Diese kurze, einfache Übung können Sie immer dann machen, wenn es im Kopf zu laut wird oder Sie von unangenehmen, kontraproduktiven Emotionen überwältigt werden.

Setzen Sie sich auf einen Stuhl oder in einen Sessel und schauen Sie sich im Raum um. Suchen Sie nach einem einfarbigen Objekt, dessen Ton Sie besonders anzieht. Lassen Sie sich Zeit. Machen Sie sich keinen Druck, aber denken Sie auch nicht zu viel nach. Wenn Ihr Blick irgendwo hängen bleibt, halten Sie Ihre Kopfposition und fixieren Sie den Gegenstand. Hierbei kann es sich um alles Mögliche handeln: eine blaue Kaffeemaschine, eine rote Strickjacke, ein gelber Blumentopf, eine grüne Zimmerpflanze. Die Farbfläche sollte jedoch groß genug sein, um sich darauf konzentrieren zu können. Lassen Sie nun die Farbe auf sich wirken. Tun Sie nichts anderes. Schauen Sie auf die Farbe, als wollten Sie Ihren Geist damit nähren. Um dieses Gefühl zu verstärken, können Sie sich bei jedem Einatmen vorstellen, Sie zögen die Farbenergie in Ihren Körper. Wie fühlt sich diese Energie in Ihrem Körper an? Ist sie eher kalt oder warm? Wirkt sie befreiend oder vielleicht bedrückend? Atmen Sie leicht mit der Farbe, oder fällt die Atmung etwas schwerer? Fühlen Sie sich eher neutral damit? Konzentrieren Sie sich voll und ganz auf die Farbe und Ihr eigenes Empfinden. Setzen Sie die Übung so lange fort, wie Sie es wünschen. Um die Übung zu beenden, atmen Sie stark durch den Mund aus, als wollten Sie die Farbe wieder aus dem Körper pusten. Schließen Sie die Augen und konzentrieren Sie sich einen Moment auf die Ruhe hinter Ihrer Stirn und in Ihrem Brustkorb. Dann öffnen Sie wieder die Augen.

Planen Sie regelmäßige Pausen ein

In einer Zeit der Hektik und des allgegenwärtigen Stresses sind Menschen stets auf der Suche nach Entspannung und Ruhe. Um Gelassenheit und innere Ruhe finden zu können, ist es wichtig, dass Sie sich regelmäßige Auszeiten als Gegenpol zum stressigen Alltag schaffen. Es ist wichtig, dass Sie feste Erholungszeiten – z. B. am Wochenende und am Abend – einplanen und während dieser Zeit auch nicht für andere erreichbar sind. Viele Menschen haben mittlerweile jedoch geradezu Angst vor solchen Verschnaufpausen, es gilt schließlich, immer etwas erreichen und schaffen zu müssen. Die Freizeit muss ebenso wie das Berufsleben straff durchorganisiert sein, immer muss etwas auf dem Plan stehen, der Kalender muss prall gefüllt sein mit mehr oder weniger wichtigen Terminen. Muse bedeutet dagegen oft Leere und Müßiggang – und nicht Nachdenken, Gedanken schweifen lassen, träumen. Dies ist jedoch genau der falsche Ansatzpunkt – denn in der Freizeit geht es darum, sich zu erholen, innezuhalten, in sich hineinhorchen und zu erkennen, was einem guttut.

Das kann auch bedeuten, mal gar nichts zu tun, sondern völlig abzuschalten, um den Kopf endlich freizubekommen. Gönnen Sie sich hin und wieder einen Tag, an dem Sie so richtig dem Nichtstun frönen. Tun Sie nur das, worauf Sie Lust haben und genießen Sie Ihre kleine Auszeit.

Haben Sie früher vielleicht gerne gelesen oder gestrickt – und jetzt kommen Sie vor lauter Arbeit und Verpflichtungen zu rein gar nichts mehr? Das muss nicht sein. Nehmen Sie alte Hobbys wieder auf oder suchen Sie sich neue Steckenpferde, je nach persönlicher Neigung und Vorliebe.

Es kann sich dabei um Puzzeln handeln oder um die Eisenbahn, die mittlerweile im Speicher steht und dort verstaubt. Manche Menschen entspannen dagegen wunderbar beim Stricken oder bei anderer Handarbeit, andere wiederum lieben Malen oder Gesellschaftsspiele im Kreis angenehmer Mitmenschen. Auch Lesezeiten sind ungeheuer entspannend – obwohl Lesen anstrengender ist als Fernsehen, ist der Erholungseffekt hierbei weitaus größer. Nicht wenige Menschen entspannen wiederum am besten bei der Arbeit im Garten, andere dagegen bei der Beschäftigung mit ihrem Haustier. Wieder andere finden im Musizieren oder Singen Erfüllung sowie Momente der Entspannung. Ganz egal, für welches Hobby Sie sich entscheiden, Hauptsache ist, dass es Ihnen Freude bereitet.

Gönnen Sie sich regelmäßig Ihre kleinen Fluchten aus dem Alltag - Auf diese Weise bündeln Sie wieder neue Kräfte für den Alltag.

Regelmäßige Bewegung zur Förderung von Entspannung und Gelassenheit

Regelmäßige Bewegung stärkt nicht nur unsere Muskeln und Gelenke sowie das Herz-Kreislauf-System – Sport ist auch das beste Ventil, um angestaute Stresshormone wie Adrenalin und Cortisol wieder aus dem Körper zu entlassen. Kontinuierliche Bewegung hilft, Stress abzubauen, ferner wird das vegetative Nervensystem beruhigt und entspannt.

Weiter wird Stress nicht nur abgebaut, auch die Widerstandskraft gegen Stress und andere Belastungen steigt, da Bewegung die individuelle Belastbarkeit erhöht – auf diese Weise kann negativer Stress besser bewältigt werden. Durch regelmäßige Bewegung steigt außerdem das Selbstwertgefühl, glücksspendende Hormone werden freigesetzt – so werden Lebensfreude und Lebenslust angekurbelt, gleichzeitig reagieren wir entspannter, gelassener und optimistischer.

Gerade Bewegung in der Natur verbessert die Stimmung nachhaltig, Sorgen und Stress verblassen vor dem Hintergrund der wohltuenden Eindrücke der Natur. Besonders entspannend wirken hierbei Aufenthalte an Gewässern und in Wäldern.

Optimal für die Gesundheit ist ein moderates Training von 45 Minuten 3-6 Mal/Woche. Leistungsorientierter Sport und zu starke Überlastung des Körpers sollten freilich vermieden werden, da Extremsport in Disstress ausartet und somit wieder in Überforderung münden kann. Wichtig ist auch, dass Sie Ihr sportliches Training möglichst bei Tageslicht ausführen: Auf diese Weise stellen Sie sicher, dass durch die Wirkung des Lichts glücksspendende Hormone freigesetzt werden. Bei regelmäßigem Training werden Wohlbefinden und Vitalität spürbar gesteigert.

Außerdem werden alle Körperzellen mit reichlich Sauerstoff versorgt, was z. B. die Vitalität, Konzentration und Leistungsfähigkeit verbessert.

Bewegungsmangel

Die moderne Lebensweise ist von allgemeinem Bewegungsmangel geprägt: Am Arbeitsplatz sitzt man, zur Arbeit fährt man mit dem Auto, zum Büro gelangt man mit dem Aufzug. Während früher viele Strecken zu Fuß zurückgelegt werden mussten und viele handwerkliche Tätigkeiten selbst verrichtet werden mussten, ist dies in der modernen Zeit nicht mehr erforderlich. Doch diese vermeintlichen Erleichterungen haben auch ihre Kehrseite, nämlich einen immer weiter zunehmenden Bewegungsmangel. Den beruflich bedingten Bewegungsmangel könnte man durch fleißige Bewegung am Feierabend kompensieren, was man aber meist nicht tut. Denn nach Dienstschluss stehen nicht etwa Spaziergänge in der Natur an erster Stelle, sondern man sitzt gerne vor dem Fernsehapparat oder am Computer.

Um es provokant auszudrücken: Man ist bequem und träge geworden, nur eine Minderheit der Bevölkerung kann sich überhaupt noch zu einem regelmäßigem Sportprogramm aufraffen. Bewegungsmangel aber macht dick und krank. Denn wir sind viel mehr in die Gesetzmäßigkeiten der Natur eingebunden, als wir gemeinhin glauben. Unser Körper ist dafür vorgesehen, ständig in Bewegung zu sein. Wollen wir dann endlich fit werden und kommen in die Pötte, so übertreiben wir es oft gleich maßlos: Wir überlasten uns im Fitnessstudio beim Hantel-Stemmen oder bei einseitigen Sportarten wie Tennis, und in guter Absicht erreichen wir oft nur das Gegenteil.

Gesundheitliche Beschwerden wie Gelenk-Erkrankungen stellen sich ein und als Folge davon verlieren wir wieder die Freude an der Bewegung.

Was tun, lautet nun die Frage, wie kann man diesem verderblichen Teufelskreis entkommen? Es gilt, nur ein paar ganz einfache Regeln zu beherzigen, um eine sinnvolle Bewegung zu praktizieren, die sich auf alle Bereiche unseres Lebens positiv auswirkt.

Laufen, Laufen, Laufen

Eine der besten Ausdauersportarten ist ganz einfach und von jedermann zu praktizieren: das Wandern an der frischen Luft. Man braucht keine teure Ausrüstung, kein Fitnessstudio, keine teuren Gerätschaften, und diese Bewegungsform ist überall möglich.

Hier ist keine Höchstleistung in Form von Jogging gemeint, sondern zügiges Laufen an der frischen Luft. Alles, was Sie dazu brauchen, sind ein paar gute Wanderschuhe und zweckmäßige Freizeitkleidung. Und los kann's gehen. Laufen wirkt sich in vielerlei Hinsicht positiv auf unseren Körper aus. Durch Bewegung an der frischen Luft wird die Durchblutung aktiviert, durch die Einwirkung verschiedener Klimareize werden zudem die Abwehrkräfte aktiviert. Deshalb am besten bei Wind und Wetter an die frische Luft gehen, denn wie heißt es so schön: Es gibt kein schlechtes Wetter, nur unpassende Kleidung. Um die beste Wirkung zu erzielen, sollten Sie ruhig ab und an leichte Steigungen erklimmen: Denn wenn das Herz hüpft, arbeitet dieses besonders gut - und wird so geschmeidig und gesund erhalten.

„Wo Du nicht zu Fuß gewesen bist, bist Du nie angekommen." – so sagt ein weises Sprichwort.

Wie viel Weg legen wir dagegen heutzutage noch zu Fuß zurück? – mit dem Auto fahren wir zur Arbeitsstätte, mit dem Auto fahren wir zum Einkaufen, und selbst ins Fitnessstudio fahren wir mit dem Auto. In den Urlaub fahren wir mit dem Auto oder fliegen mit dem Flugzeug – und neue Landschaften werden dort und auch in der Heimat ebenfalls vorzugsweise mit dem Auto erkundschaftet.

Wer jedoch nicht mit den Füßen die Welt erlebt, gerät oft in den Zustand der Entwurzelung - wir können nicht mehr Fuß fassen, und das gilt im wörtlichen wie im übertragenen Sinn. Wir kommen nicht mehr bei uns an, trotz oder gerade wegen der vermehrten und komfortableren Möglichkeiten der Mobilität. Gehen ist dagegen die für uns vorgesehene Form der Bewegung, Gehen bedeutet, mit beiden Beinen die Welt zu erleben, diese quantitativ und qualitativ zu erfassen. Regelmäßiges Gehen rhythmisiert Körper und Seele.

Herz und Kreislauf werden in Schwung gebracht, Kreativität und Lernfähigkeit werden gefördert. Spaziergänge in der freien Natur kommen diesem Ideal sehr nahe, da dies die natürliche Form der Bewegung in natürlicher Umgebung ist. Der Körper wird auf sanfte und harmonische Weise in Form gebracht, mit einer Sportart, die Freude und Spaß bereitet. Der Körper wird nicht geschunden und an sein Limit gebracht, sondern schrittweise werden die Dauer und Intensität der Bewegung erhöht. Als Anhaltspunkt kann gelten, dass man nur etwa 50 % der individuellen Leistungsfähigkeit beanspruchen sollte. Die Faustregel lautet, dass man die Belastung zurücknehmen sollte, sobald man beginnt, schwer zu atmen und man nicht mehr ausschließlich durch die Nase atmen kann.

Alles richtig macht man, wenn man sich nach der Bewegung ausgeglichen und energiegeladen fühlt, nicht etwa erschöpft und ausgelaugt. Nach dem Sport sollte nichtsdestotrotz auf ausreichend Entspannung und auf die Möglichkeit der Regeneration geachtet werden.

Ein ganz wesentlicher Aspekt beim Wandern ist auch der Naturaspekt. Über Wiesen und durch Wälder zu stapfen, wie nah ist man doch auf diese Weise dem Paradies auf Erden. Durch das Betrachten der verschiedenen Landschaften im Laufe der Jahreszeiten beruhigt sich der Geist und die Seele jubiliert beim Genießen der vielfältigen Eindrücke der Natur. Machen Sie sich bei Ihrem nächsten Spaziergang alle diese Eindrücke ganz bewusst und lassen Sie diese gezielt auf sich wirken: Der Ast, der im Wind weht. Der erste Strahl der Sonne im Frühling. Erleben Sie die Natur jeden Tag von Neuem. Und lassen Sie sich von der Macht der Natur verzaubern und gefangen halten.

Wandern in Wald und Natur

Tanzsport

Gerade Tanzsport ist als Einstieg geeignet, um bisherige Sportmuffel an Bewegung mit Spaß heranzuführen und ihnen zu zeigen, wie viel Freude es bereiten kann, den Körper auf angenehme Weise richtig zu fordern.

Tanz ist ein elementares Ausdrucksmittel des Menschen - es gibt verschiedene Tanzarten schon so lang wie die Menschheit selbst. Tanzen ist eine der geselligsten Sportarten überhaupt, in angenehmer Gemeinschaft werden Kontakte zu anderen Tänzern geknüpft. Tanzen ist auch ein Sport, für den es nie zu spät ist und der für jedes Alter geeignet ist.

Der gesamte Körper wird beim Tanzen gefordert, es ist die ideale Ausdauersportart mit positiver Wirkung auf das Herz-Kreislauf-System. Aber auch die seelische Gesundheit kommt nicht zu kurz, drückt doch keine zweite Sportart so wie Tanzsport Lebensfreude aus – beschwingende Musik, gemütliche Räumlichkeiten und elegante Kleidung wirken wie Balsam auf unsere Seele.

Ob klassische Standardtänze wie Walzer oder Foxtrott, feuriger Flamengo oder rassige Tänze wie Salsa und Rumba - Finden Sie heraus, welche Tanzart Ihnen am besten gefällt und welche am besten zu Ihnen passt und machen Sie diesen Schritt zu Ihrem Lieblingstanz.

Tanzsport, hier Salsa

Yoga

Yoga ist eine aus Indien stammende uralte philosophische Lehre, die eine Reihe geistiger und körperlicher Übungen (z. B. Asanas, Meditation, Askese) umfasst. Das Wort Yoga stammt aus dem Sanskrit, der alten Sprache Indiens, und bedeutet ***„anschirren"*** oder ***„anspannen"*** (von Zugtieren), was später zur Vereinigung und Integration eben der Zugtiere führen soll. Der ursprüngliche Begriff wurde von den Zugtieren auf den Menschen übertragen, im Sinne von Anspannen des Körpers an die Seele zur Sammlung und Konzentration. Yoga ***„schirrt"*** Körper, Atem und Geist an, sodass sie ein Gespann bilden - miteinander verbunden im übertragenen Sinn. Entsprechend geht man in der indischen Lehre davon aus, dass wir unsere Gesundheit nur bewahren können, wenn wir eben diese Verbindung von Körper, Atem und Geist fördern - und genau auf diese Vereinigung zielen nahezu alle Yoga-Übungen ab. Welcher Weg zur Verwirklichung dieser Ziele eingeschlagen wird - darin unterscheiden sich die verschiedenen Richtungen des Yoga erheblich voneinander.

Während Yoga in seiner ursprünglichen Form eine spirituelle Wegbeschreibung ist, deren höchstes Ziel die Erlangung der Erkenntnis des Seins ist, praktiziert man in Westeuropa und Nordamerika oft nur die körperlichen Übungen, die Asanas, losgelöst von religiösen Aspekten.

Andere Yoga-Formen hingegen heben mehr den meditativen Charakter hervor, oder aber Elemente wie die Askese.

Daneben sollten Atemtechniken stets fester Bestandteil der Yoga-Übungen sein. Beim Einatmen strömt die Energie in den Körper, beim Ausatmen werden Anspannungen gelöst. Zum bewussten Atmen kommen die Asanas (Körperhaltungen) hinzu, wobei es eine auffallend große Auswahl an Asanas gibt, dazu kommen noch Variationen dieser Asanas sowie Vorübungen. Viele der Asanas imitieren Tiere, wie z. B. die Übungen Kamel, Kobra, Fisch, Skorpion, Hahn und Hund. Daneben gibt es natürlich auch andere Asanas wie den Pflug, den Bogen, den Helden oder den Baum. Gedehnt wird bei den einzelnen Asanas stets sanft und nur so weit, wie es der Körper schmerzfrei zulässt.

Der auch hierzulande immer weiter zunehmenden Beliebtheit des Yoga sollten auch Sie sich nicht entziehen und die vielfältigen Vorteile des Yoga für Ihre Gesundheit schätzen lernen.

Denn Yoga ist ein ganzheitlicher Weg zu körperlicher, geistiger und seelischer Gesundheit.

Achtsamkeit und Bewusstsein werden gefordert und gefördert. Bei kontinuierlichem Üben wird Stress abgebaut, Körper und Seele können in einen Zustand der tiefen Entspannung gelangen. Im Alltag profitiert der Yoga Praktizierende von mehr Gelassenheit und Geduld.

Traditionell wird Yoga zur Linderung verschiedenster Krankheitsbilder eingesetzt, insbesondere bei Herz-Kreislauf-Erkrankungen, Durchblutungsstörungen, psychischen Beschwerden wie Angstzuständen und Depressionen, Schlafstörungen, Erschöpfungszuständen, Müdigkeit, Kopfschmerzen und Rückenschmerzen. Bei den einzelnen Übungen werden Kraft, Beweglichkeit, Koordination und Muskelausdauer trainiert.

Die besten Yoga-Übungen gegen Wut

Yoga-Übung „Der Baum" (Vriksasana)

Gerade die Yoga-Übung ***„Der Baum"*** bietet sich an, um Wut zu dämpfen. Außerdem wird die Verbindung zwischen Standbein und Wirbelsäule gestärkt.

Der Baum ist tief verwurzelt in der Erde. Auch wenn der Sturm tobt – nichts kann diesen Baum umhauen. Genauso führt die Yoga-Übung ***„Der Baum"*** zu Standfestigkeit und tiefer Verwurzelung mit der Erde, weiter verhilft die Übung zu Ruhe und Kraft.

Die Übung ***„Der Baum"*** stärkt weiter den Gleichgewichtssinn und verbessert die Haltung. Ferner hilft sie, auf seelischer Ebene Zielorientiertheit und Entschlossenheit zu entwickeln.

Yoga - Der Baum

Ausführung der Übung

- Stellen Sie sich gerade und aufrecht hin, halten Sie die Füße geschlossen.
- Das Becken wird gerade gehalten und rutscht nicht nach vorne.
- Atmen Sie ein paar Mal tief ein und aus.
- Spüren Sie, wie die Kraft der Erde Sie beim Einatmen durchfließt und wie Sie diese beim Ausatmen wieder abgeben.
- Winkeln Sie nun ein Bein seitlich nach außen an und stützen Sie es mit der Fußsohle am Standbein ab.
- Legen Sie den linken Fuß an die Innenseite des rechten Oberschenkels. Das mag sich zunächst wackelig anfühlen. Sie sind aber wie ein Baum fest in der Erde verwurzelt - die Kraft fließt durch das Standbein.
- Strecken Sie die Arme leicht angewinkelt nach oben.
- Heben Sie nun die Arme seitlich an, bis die Handflächen über dem Kopf zusammentreffen.
- Ihr Oberkörper bildet die Krone, welche die Energien des Himmels aufnimmt.
- Diese Haltung unterstützt die Verwurzelung, das Ruhen in sich selbst, sowie die Verbindung mit oben und unten. Stehen Sie fest auf dem Boden – gleichzeitig aber locker und unverkrampft.
- Halten Sie diese Stellung etwa 15 Sekunden.
- Wiederholen Sie die Übung mit dem anderen Bein.

Tipp

Bei Bedarf können Sie sich, um das Gleichgewicht besser halten zu können, mit einer Hand an der Wand abstützen. Fixieren Sie zudem mit den Augen einen bestimmten Gegenstand/ Punkt, um besser in Balance zu bleiben. Ein häufiger Fehler bei dieser Übung ist, dass man das Gewicht an die Hüfte abgibt, was zur Überlastung der Bänder führen kann. Balancieren Sie Ihr Gewicht stattdessen direkt über den Knochen des Beines, die Hüfte sollte nicht mit dem angehobenen Bein nach oben wandern.

Umkehrhaltungen (Inversions)

Umkehrhaltungen wirken sich in vielerlei Hinsicht positiv auf Körper, Geist und Seele aus. Sie stabilisieren das Herz-Kreislauf-System, die Atmung wird vertieft und die Wirbelsäule wird – je nach Haltung – gekräftigt oder gedehnt.

Die ***umgekehrte Haltung*** der Übungen ermöglicht einen Wechsel der Perspektive, was gerade bei häufiger Wut nützlich ist. Durch den Wechsel der Perspektive können Lösungen für Probleme initiiert werden, Klarheit, Geduld und Mut werden gefördert. Auch das Selbstbewusstsein profitiert von Umkehrhaltungen.

Umkehrhaltungen wie der Schulterstand (Saravangasana) und der Pflug (Halasana) beruhigen das Nervensystem, infolgedessen der Mensch in einen Zustand von Ausgeglichenheit, Entspannung und innerem Frieden gelangt.

Der Schulterstand (Sarvangasana)

Das Herz-Kreislauf-System wird durch den Schulterstand unterstützt, insbesondere bei niedrigem Blutdruck erweist sich die Asana als nützlich. Auch das Immunsystem profitiert von der Position, die Entgiftung des Körpers wird gesteigert. Stress und Müdigkeit werden reduziert, während Konzentration und Vitalität gesteigert werden. Nicht zuletzt verleiht die Übung neue Zuversicht und Selbstbewusstsein.

Ausführung der Übung

- Legen Sie sich in Rückenlage auf Ihre Matte.
- Die Arme sind neben dem Körper, die Beine sind geschlossen.
- Heben Sie langsam und kontrolliert die Beine über die Hüfte.
- Der Nacken und der Rücken bleiben am Boden.
- Atmen Sie ruhig.
- Das Gewicht ruht auf den Schultern, strecken Sie sich gerade in die Höhe.
- Die Hände liegen am Rücken und stützen die Haltung.
- Achten Sie darauf, dass kein Gewicht auf der Halswirbelsäule lastet.
- Atmen Sie im natürlichen Fluss ein und aus, solange Sie sich in dieser Position befinden.
- Halten Sie die Position – wenn möglich – mindestens fünf Minuten.
- Um aus der Position zu kommen, senken Sie die Füße langsam zum Boden, während der Kopf am Boden liegen bleibt.

Yoga - Schulterstandhaltung

Achtung
Bei Beschwerden an der Halswirbelsäule sollte die Übung nicht durchgeführt werden. Auch Herzschwäche, hoher Blutdruck und Augenerkrankungen (z. B. Glaukom, Augenentzündungen) stellen Gegenanzeigen dar. Die Übung sollte nicht während der Menstruation oder bei bestehender Schwangerschaft ausgeführt werden. Auch bei einer vergrößerten Schilddrüse wird von der Position Schulterstand abgeraten.

Pflug (Halasana)

Die Haltung Pflug beruhigt und harmonisiert das vegetative Nervensystem, daneben steht sie auch dafür, notwendige Veränderungen im Leben zuzulassen. Die Wirbelsäule wird ausgezeichnet gedehnt, sodass Rückenschmerzen gelindert oder geheilt werden können. Eine positive Wirkung ist auch auf die Schilddrüse, die Nieren, die Nebennieren, die Leber und die Bauchspeicheldrüse festzustellen.

Ausführung der Übung

- Der Pflug wird ausgehend vom Schulterstand begonnen (siehe oben).
- Bringen Sie zunächst das rechte Bein hinter dem Kopf zu Boden, anschließend das linke Bein.
- Wichtig ist, dass die Beine durchgestreckt und eng beieinander sind und Sie gleichzeitig die Fersen von sich wegdrücken.
- Das Gesäß wird aktiv nach oben geschoben.
- Die Hände liegen ineinander verschränkt auf dem Boden.
- Anfänger sollten ihre Hände am unteren Rücken belassen, um diesen zu stützen und Überspannungen der Rücken- und Nackenmuskulatur zu vermeiden (siehe Foto).
- Die Übung sollte langsam und sanft ausgeführt werden. Vermeiden Sie es, Druck auf die Nackenmuskulatur auszuüben.
- Halten Sie die Übung mindestens 30 Sekunden.

- Um wieder aus der Stellung zu kommen, beugen Sie leicht die Knie und rollen Sie die Wirbelsäule langsam, Wirbel für Wirbel, auf die Matte zurück. Benutzen Sie hierbei Ihre Hände als Stütze für den Rücken. Die Bauchmuskeln sind hierbei angespannt.

Achtung

Bei Bluthochdruck, Schilddrüsenüberfunktion (Hyperthyreose), Nackenbeschwerden/ Beschwerden in der Halswirbelsäule sowie bei Bandscheibenvorfall sollte die Übung nicht ausgeführt werden. Auch eine fortgeschrittene Schwangerschaft stellt eine Gegenanzeige dar.

Yoga - Der Pflug

Fisch (Matsyasana)

Diese Stellung wird im Yoga oft als Ausgleichshaltung nach dem Schulterstand oder dem Pflug geübt. Blockaden oder Spannungen, die durch nicht korrektes Ausführen des Schulterstandes oder Pfluges auftreten können, werden bei der Asana Fisch gelockert.

Der Fisch weitet und öffnet den Brustkorb, verbessert die Haltung und führt zu einem befreiteren Atemfluss. Auch die Oberschenkel- und Bauchmuskulatur wird gekräftigt. Das Herz wird gestärkt und vermehrt durchblutet.

Ausführung der Übung

- Legen Sie sich in Rückenlage auf Ihre Matte, Beine und Füße sind geschlossen und liegen eng beieinander.
- Die Hände sind unter dem Gesäß platziert, die Handflächen sind nach unten gerichtet.
- Spannen Sie den Lendenwirbelbereich an. Schieben Sie den Oberkörper weit nach oben, während das Gewicht auf den Unterarmen und Ellenbogen sowie den Hüften lastet.
- Der Brustkorb ist weit geöffnet. Mit jeder Einatmung können Sie den Brustkorb noch etwas mehr öffnen.
- Senken Sie den Kopf nach unten auf die Matte, drücken Sie die Schulterblätter zusammen.
- Der Kopf sollte so wenig wie möglich Gewicht tragen, achten Sie auch darauf, dass die Halswirbelsäule nicht zu stark überdehnt wird.
- Spannen Sie die Bauchmuskeln und den Beckenboden an.
- Die Beine sind gestreckt, auch die Zehen sind weit nach vorne gestreckt.
- Atmen Sie ruhig und gleichmäßig.
- Halten Sie die Übung für vier bis neun Atemzüge.

- Verlassen Sie die Übung, indem Sie das Kinn vorsichtig zur Brust ziehen. Gleiten Sie Wirbel für Wirbel in die Ausgangsposition zurück.

Achtung

Trainieren Sie sehr vorsichtig bei akuten Beschwerden im Lendenwirbelsäulen- und Halsbereich.

Yoga - Der Fisch
© Depositphotos.com - fizkes

Der liegende Schmetterling (Supta Baddha Konasana)

Der liegende Schmetterling öffnet die Hüften, die Beininnenseiten und den Brustkorb.

Der liegende Schmetterling löst Blockaden und unterdrückte Gefühle, verdrängte Gefühle kommen an die Oberfläche und können so verarbeitet und losgelassen werden. Der liegende Schmetterling ermöglicht insofern tiefes Loslassen und Entspannen, ein Gefühl des tiefen inneren Friedens kann sich einstellen.

Ausführung der Übung

- Ausgangsposition ist die Rückenlage.
- Breiten Sie die Arme entspannt zur Seite aus, die Handflächen zeigen nach oben.
- Öffnen Sie die Knie und lassen Sie diese langsam und achtsam nach außen sinken.
- Die Füße sind geschlossen, die Fußsohlen zeigen zueinander.
- Der Atem fließt ruhig, entspannen Sie in der Haltung.

Tipp

Die Übung eignet sich perfekt für den Abend, nach einem anstrengenden Tag, um Anspannungen und psychische Belastungen loszulassen.

Yoga - Der liegende Schmetterling

Der Drehsitz (Ardha Matsyendrasana)

Der Drehsitz fördert die seitliche Beweglichkeit der Wirbelsäule, auch die schrägen Bauchmuskeln, die Brustmuskeln und der Gesäßmuskel werden gedehnt.
Das Herz öffnet sich weit, Körper und Seele werden beruhigt und harmonisiert. Wut und Aggressionen werden gedämpft, Blockaden werden gelöst.

Ausführung der Übung

- Setzen Sie sich zunächst mit gestreckten Beinen auf die Matte.
- Ziehen Sie das linke Bein an und legen Sie es neben der rechten Hüfte auf.
- Die Hüfte bleibt auf dem Boden liegen.
- Stellen Sie nun den rechten Fuß auf, winkeln Sie diesen an und setzen ihn neben Ihr linkes Knie.

- Strecken Sie den rechten Arm, drehen Sie ihn nach hinten rechts und setzen Sie Ihre Hand rechts hinter Ihnen auf.
- Strecken Sie die Wirbelsäule gerade nach oben.
- Blicken Sie über die rechte Schulter. Verharren Sie für einige Atemzüge in dieser Position.
- Wechseln Sie nun die Seite.

Yoga - Der Drehsitz
© Depositphotos.com - fizkes

Die Stellung des Kindes (Balasana)

Bei der Stellung des Kindes werden die Gesäßmuskeln und die Rückenmuskulatur (z. B. der Rückenstrecker) gedehnt und verlängert. Je weiter man in die Haltung sinkt, desto mehr entspannt insbesondere die Muskulatur des Rückens, des Nackens und der Schultern. Durch die Kompression des Brustkorbs wird außerdem der Atem gezwungen, sich in andere Bereiche der Lunge auszudehnen und so wieder zu einem natürlichen Atem zurückzufinden. Auf diese Weise wird einer zu flachen Atmung, wie wir sie oft im Alltag praktizieren, entgegengewirkt.

In der Stellung des Kindes sind wir ganz bei uns, wir fühlen uns geborgen und sicher wie ein Embryo im Mutterleib, und können wieder neues Vertrauen entwickeln. Die Stellung des Kindes führt zur vollkommenen Entspannung, sie wirkt beruhigend, und ermöglicht uns Demut und die Fähigkeit, loszulassen.

Yoga - Die Stellung des Kindes
© Depositphotos.com - DmitryRuhkhlenko

Ausführung der Übung

- Knien Sie sich auf eine Yogamatte und setzen Sie sich auf Ihre Fersen.
- Die Knie stehen auf Hüftbreite auseinander.
- Legen Sie den Oberkörper auf Ihren Oberschenkel ab, die Stirn berührt den Boden.
- Nun legen Sie Ihre Hände mit den Handflächen nach oben neben dem Oberkörper auf den Boden, die Schultern sinken hierbei entspannt nach unten.
- Alternativ können Sie die Arme nach vorne legen, gestreckt links und rechts am Kopf vorbei.
- Atmen Sie ruhig. Bleiben Sie mindestens dreißig Sekunden in der Stellung des Kindes.
- Sie können die Übung aber auch einige Minuten praktizieren.

Tipp

Die Stellung des Kindes ist eine einfache Übung, sie kann vor oder nach einer Übungsreihe praktiziert werden oder auch einfach zwischendurch.

Eselwandern

Warum gerade Eselwandern zu einem neuen Trend geworden ist, liegt auf der Hand. Esel strahlen eine tiefe Ruhe und Gelassenheit aus, in ihrer Nähe fällt es leicht, wieder zu innerer Ruhe und Frieden zu finden. Die Ruhe und Gelassenheit der Esel wirkt ansteckend auf den Menschen, sie verhilft diesen zu Erdung, Zentrierung und Ausgeglichenheit.

Das zugewandte und freundliche Wesen der Esel lädt den Menschen zur Kontaktaufnahme und zum Verweilen bei den Langohren ein. Die Kommunikation mit dem Esel läuft auch ohne Worte ehrlich und authentisch ab. Das Tier spürt instinktiv die Einstellung des Menschen zu ihm – dem Menschen, der respektvoll und mit klarer Haltung mit ihm umgeht, dem schließt er sich an. Das Bild des sprichwörtlich sturen Esels verdankt dieser übrigens seinen besten Eigenschaften – Achtsamkeit, Charakterstärke, Unbestechlichkeit und Verlässlichkeit. Denn wenn ein Esel eine Situation nicht einschätzen kann, verharrt er und analysiert die Situation so lange, bis er davon überzeugt ist, dass er darauf vertrauen kann, dass ihm nichts passiert. Erst dann wird er weitergehen.

Wer eine Eselwanderung unternehmen möchte, muss sich darüber im Klaren sein, dass nicht er, sondern der Esel das Tempo bestimmt. Denn ein Esel hat es nie eilig, für ihn gilt einzig der jeweilige Moment. Durchschnittlich läuft ein Esel drei Kilometer pro Stunde, Gewaltmärsche und sinnlose Jagd nach Kilometern sind beim Eselwandern also tabu. Stattdessen wird vom Esel Entschleunigung und die Wiederentdeckung der Langsamkeit geboten. Die Idee, die dahintersteht, ist freilich, einzusehen, dass man es nicht eilig hat und dass man nichts zu verpassen hat, zumindest nicht inmitten der Felder und Wälder, die man mit dem Grautier durchstreift.

Man lernt, dass der Weg das Ziel ist und dass Hektik und Eile für einen Esel Fremdwörter sind. Vielmehr lockt hier das Grün am Wegesrand, dort wird an einem Strauch geknabbert – jede kulinarische Abwechslung ist dem Esel willkommen und dient als ***„Ausrede“*** für ein kurzes oder auch längeres Päuschen. Mit einem Esel zu laufen, bedeutet, im Augenblick präsent zu sein und diesen zu genießen. Statt Hetze steht hier die Freude an der Landschaft und an der Gesellschaft des Tieres im Vordergrund. Die unbestechlichen Tiere begegnen uns ohne Wertung, weshalb sie sich auch hervorragend als Therapietiere eignen. Lassen auch Sie sich bei Gelegenheit auf das Abenteuer Eselwanderung ein.

(Sollten Sie sich für Eselwandern oder allgemein für die entspannende Wirkung des Waldbadens interessieren, finden Sie sämtliche Informationen in meinem Buch **„Waldbaden – Auf der Suche nach dem verlorenen Selbst“**. Achiel-Verlag 2019.)

Welche Gefühle stecken hinter der Wut?

Wut resultiert auch aus nicht verarbeiten Demütigungen und aus Unrecht, das wir in der Kindheit erlitten haben.

Durch eine Situation, die nun, in der Gegenwart, Wut auslöst, fühlen wir uns wieder in die Vergangenheit zurückversetzt. Es geschieht dann das, was in der Psychologie ***„Affektbrücke“*** genannt wird. Durch eine auslösende Situation gleiten wir in emotionale Empfindungen, die wir in der Kindheit nicht oder nicht richtig ausleben durften. Wir sind in dieser Situation sehr verletzlich, reagieren vielleicht auch bisweilen über und nicht angemessen. Wenn solche Gefühle in uns auftauchen, wird das sogenannte ***innere Kind*** in uns geweckt – es reagiert nun traurig und zornig, weil sich das Kind von damals bei emotionalen Traumata nicht entsprechend artikulieren durfte. Das ***innere Kind*** ist ein Modell für eine Betrachtungsweise innerer Erlebniswelten in der Psychotherapie. Es wurde hauptsächlich durch den amerikanischen Psychologen und Theologen **John Bradshaw (1933-2016)** bekannt. Das innere Kind bezeichnet alle in unserem Gehirn gespeicherten Gefühle, Erinnerungen und Erfahrungen aus unserer Kindheit. Dazu gehören bspw. Freude, Angst und Wut. ***Innere Kindarbeit*** bedeutet, dass mit den früh erlernten Mustern und Gefühlen gearbeitet wird, um das innere Kind zu trösten und zu schützen. Je nachdem, welches Bedürfnis des Kindes damals enttäuscht und gekränkt wurde, können sich beim Erwachsenen ganz unterschiedliche ***Kindanteile*** – also ganz unterschiedliche Gefühle – bemerkbar machen. Als Erwachsene können wir unserem inneren Kind das geben, was ihm damals gefehlt hatte, infolgedessen innere Heilung geschehen kann. Man bezeichnet dies auch als ***Refilling*** - das ***„Auffüllen“*** dessen, was uns damals gefehlt hatte.

Wenn wir das innere Kind annehmen akzeptieren und Verständnis dafür entwickeln, welches Bedürfnis das innere Kind hat, müssen wir nicht mehr in der alten Verletzung stecken bleiben und können infolgedessen Heilung erfahren.

Wut ist immer auch ein Zeichen von Abwehr und oft ein Schutz vor noch schwerer zu ertragenden Emotionen, wie Trauer und Angst. So kommt Wut selten im Alleingang, sondern dahinter verstecken sich häufig Gefühle wie Angst, Ohnmacht, Hilflosigkeit, seelischer Schmerz und Trauer. Sich seiner Wut stellen, bedeutet somit auch, zu schauen, welche unerfüllten Bedürfnisse hinter der Wut stehen. Dies bedeutet aber auch, dass man bereit ist, sich mit sich selbst auseinanderzusetzen und sich seinen wirklichen Bedürfnissen zu stellen.

Die Gefühle von Wut entstehen, wenn wir als Kind nicht die Möglichkeit hatten, unsere Gefühle angemessen zu erleben bzw. auszudrücken. So werden wir als Kind oftmals darauf programmiert, dass Emotionen nicht erwünscht sind. Infolgedessen werden wir als Kinder emotional verletzt, allein gelassen, ungerecht behandelt, fühlen uns ohnmächtig – all diese Erfahrungen und (oft unbewusste Erinnerungen) sind in unserem Köper gespeichert.

Da wir oft (noch) nicht bereit und in der Lage sind, den Schmerz dieser Erfahrungen zu fühlen, werden diese Gefühle unterdrückt – was gleichsam ein Schutzmechanismus und eine Überlebensstrategie von uns ist. Die Traumata sind aber weiterhin in unserem Körper als Trauma gespeichert. – solange, bis wir in der Lage sind, das Trauma bewusst zu verarbeiten. Auch das schon angesprochene Gedankenkreisen und Grübeleien sind Mechanismen, um wirkliches Fühlen zu verhindern.

Die Grübeleien ihrerseits lösen jedoch nicht die Probleme, sondern sorgen im Gegenteil dafür, dass wir noch tiefer in eine negative Haltung oder sogar depressive Verstimmungen verfallen. Wenn wir dagegen beginnen, uns unseren Gefühlen zu stellen, nimmt allmählich auch das uns so sehr belastende Gedankenkreisen ab. Dies kann geschehen, wenn wir bereit sind, Kontakt mit unserem wütenden inneren Kind aufzunehmen und ihm als Erwachsener zuzuhören, was es so wütend gemacht hat. Wir nehmen unser inneres Kind gleichsam an die Hand, umarmen es wie eine liebende Mutter und geben ihm nun endlich die Gelegenheit, seinen Gefühlen freien Lauf zu lassen. Wir sagen unserem inneren Kind, dass es jetzt seine Wut ausdrücken und ausagieren darf. Indem Sie Ihr inneres Kind auf achtsame und liebevolle Weise unterstützen, kann das Kind – und damit Sie als Erwachsener – alte Muster loslassen und blockierte Gefühle auflösen. Nachdem das innere Kind seine Wut ausagiert hat, nehmen Sie es in Arm, spenden ihm Sicherheit, Geborgenheit und Trost. Das innere Kind bekommt so, was es damals gebraucht hätte, infolgedessen Sie Freundschaft und inneren Frieden mit Ihrem inneren Kind schließen können.

D. h. natürlich nicht, dass in jeder Situation, in der Sie wütend werden, ein unerfülltes Bedürfnis im Hintergrund steht.

In Situationen, in denen wir unverhältnismäßig emotional reagieren und sehr wütend werden, ist es jedoch oft das innere Kind, das sich nach der Erfüllung seiner Bedürfnisse sehnt. Das sind insbesondere Situationen, in denen wir uns ohnmächtig und hilflos fühlen, und insofern unser Bedürfnis nach Kontrolle und Unabhängigkeit verletzt wird. Auch wenn unsere Bedürfnisse nach Anerkennung und Bindung nicht erfüllt werden, kann die Wut in uns keimen.

Wut als Kraftquelle

Wut ist nicht nur ein starkes Gefühl, sondern bietet uns auch die Chance für persönlichen Erfolg. So birgt Wut sehr viel Energie – Energie, die wir nutzen können, als Motor für unser Handeln. So können wir über eine bestimmte Situation so wütend sein, dass diese Wut-Energie der Antrieb für Veränderungen ist. Ärgern wir uns bspw. stets über die ungerechte Chefin/ den ungerechten Chef, so kann dies bestenfalls dazu führen, dass wir eines Tages die Kündigung auf den Tisch schmeißen, was uns in ein neues, selbstbestimmtes Leben führen kann. Wer sich über mangelnde Anerkennung ärgert, kann aus der Wut entstehende Energie dafür nutzen, richtig hart zu arbeiten, was zu entsprechendem beruflichem Erfolg führen kann. Wenn wir wütend über uns selbst sind, z. B., weil wir es immer noch nicht geschafft haben, Gewicht zu verlieren, so kann die Wut darüber so groß sein, dass wir augenblicklich ins Handeln kommen. Auch im Sport können wir leistungsfähig sein, wenn wir die Wut-Kraft richtig einsetzen und infolge der Wut unseren inneren Schweinehund überwinden und uns bspw. beim Jogging richtig austoben. So kann die Wut uns regelrecht Flügel verleihen und uns zu geistigen und körperlichen Höchstleistungen anspornen – wenn es uns nur gelingt, die Wut zu kanalisieren und in die richtigen Bahnen zu lenken.

Mit der Wut gehen häufig auch Entscheidungsstärke, Risikobereitschaft und Ungeduld einher – all dies kann bedingen, dass uns die Wut auf die Erfolgsspur bringt, sodass wir bereit sind, alle Hindernisse, und alles, was uns im Weg steht, zu beseitigen. So gilt für wütende Menschen oft ***„The only way is up"***, der Weg, den die Wut ebnet, kann also nur nach oben führen.

Bestenfalls verleiht die Wut Menschen einen zusätzlichen Motivationsschub, der gepaart mit Risikobereitschaft und Entscheidungsstärke dazu führt, dass wütende Menschen nicht selten auf der Erfolgsspur zu finden sind.

Wut hilft uns, Grenzen zu ziehen

Wut kann uns nicht nur dabei helfen, unsere Ziele zu erreichen, sie hilft uns auch dabei, Grenzen zu ziehen. Werden wir oder andere ungerecht behandelt, oder entspricht deren Verhalten nicht unseren Werten und Bedürfnissen, so meldet sich unsere Wut, um dem anderen Grenzen aufzuzeigen. Die Wut fordert uns auf, ins Handeln zu kommen, anstatt stillschweigend über die Verletzung unserer Werte durch andere hinwegzusehen. Es ist wichtig, dass wir uns für uns und unsere Werte einsetzen, und mit deutlicher Klarheit zu vermitteln, was uns stört.

Wut als Antriebskraft für gesellschaftliche Veränderungen

Wut kann uns jedoch nicht nur dabei helfen, unsere persönlichen Ziele durchzusetzen und anderen in privaten/ beruflichen Situationen Grenzen zu setzen – Wut kann auch dazu dienen, gesellschaftliche und/ oder politische Veränderungen in Gang zu setzen.

„Wie gespeicherte Hitze in Energie umgewandelt werden kann, so kann auch kontrollierter Zorn in eine Kraft verwandelt werden, die die Welt bewegen kann“, sagte bereits **Gandhi** in diesem Zusammenhang treffend.

So gibt es viele Beispiele aus der älteren und jüngeren Geschichte, wo die ***„Wut des Volkes“*** dazu geführt hat, dass entsprechende gesellschaftliche/ politische Missstände aufgehoben wurden.

Wut und ihr schlechter Ruf

Wut hat in unserer Gesellschaft ein schlechtes Image.

Wer wütend ist, gilt als unbeherrscht, primitiv, undiszipliniert, bisweilen sogar als charakterschwach. Man wirft wütenden Menschen vor, dass ***„sie sich nicht im Griff haben"***, die Contenance verlieren, aus der ***„Haut fahren"***.

Wut wird oft auch mit Gewalt assoziiert, wenn die ***„Gewalt"*** auch meist nur verbaler Natur ist und in den meisten Fällen zudem die Reaktion auf eine Grenzüberschreitung einer anderen Person ist.

Wut ist out, ***„positive vibes only"*** heißt es heutzutage vielfach, sodass Wut und Ärger schlichtweg nicht akzeptiert werden – so hat der Mensch sich stets nett und angemessen zu verhalten.

Auch in den Weltreligionen wird die Wut nicht gerne gesehen. So gilt der Zorn im Christentum seit dem frühen Mittelalter als Todsünde, im Buddhismus ist Zorn ein Hindernis auf dem Weg zur Befreiung und Erleuchtung, im Hinduismus verstößt der Wütende gegen ***Dharma***, das religiöse und moralische Gesetz, welches das individuelle Verhalten bestimmt. Im Islam vergleicht man die Wut mit einem Feuer, das im Herzen der Wütenden lodert und diese letztlich auffrisst.

In der Philosophie wird die Wut ebenfalls nicht gerne gesehen. So lehnen bspw. die Stoiker, allen voran Seneca, die Wut ab, diese sei mit Kontrollverlust und mangelnder Vernunft verbunden und von daher konsequent abzulehnen. **Seneca** widmete der Wut sogar ein eigenes Werk, ***„De ira"*** (***„Über den Zorn"***), indem er u. a. empfiehlt, die Wut aufzuschieben, um diese verpuffen zu lassen.

Good vibes only?

„Good vibes only" lautet heutzutage oft die Devise. Man hat stets gut gelaunt und positiv gestimmt zu sein. Egal, welche Ungerechtigkeiten uns selbst oder anderen widerfahren – man darf die gute Laune nicht verlieren, so wird vielfach propagiert.

„Positiv bleiben", ***„Stay positiv"*** – das sind die Parolen, die in den sozialen Medien und auch von Freunden/ Bekannten gebetsmühlenartig runtergeleiert werden. Sicherlich sind diese Sprüche – namentlich, wenn wir sie von Freunden hören – gut gemeint. Aber ***„gut gemeint ist nicht immer gut"***, und oft sind die Sprüche nur leere Worthülsen, die oft nichts mit der Realität des Lebens zu tun haben.

Lassen wir Freunde oder auch Außenstehende an unseren ***„negativen"*** Emotionen wie Wut, Angst, Trauer teilhaben, kommt oft die Antwort ***„Man kann doch nichts ändern."***, ***„Denke positiv"*** oder ***„Du darfst nicht negativ denken."***

Statt über die eigenen Gefühle sprechen zu dürfen, müssen wir uns oft genug noch für unsere Wut und unsere Trauer rechtfertigen. Und so wird uns die Chance genommen, uns zu öffnen, über unsere Gefühle zu sprechen – über die Gefühle zu sprechen, diese erkennen und benennen, ist aber Anfang und Teil der Heilung, wie wir bereits in den vorangegangenen Kapiteln gelesen haben.

Dass wütenden Menschen nicht zugehört wird und diese auf vermeintlich positive Phrasen verwiesen werden, liegt auch daran, dass andere Menschen nicht mit unserem Ärger oder unserer Trauer konfrontiert werden wollen, weil ihnen die ***„negativen"*** Gefühle unangenehm sind oder sie hilflos auf solche Situationen reagieren.

Diesen Umgang mit ***„negativen"*** Gefühlen, die schnellstmöglich eliminiert werden sollen und stattdessen ausschließlich ***„gute Schwingungen"*** und ***„positive"*** Gedanken genehmigt werden, nennt man auch ***Toxic Positivity***.

Toxisch ist diese Einstellung auch deswegen, da uns – wenn wir wütend sind oder uns schlecht fühlen – das Vorbeten von Sätzen wie ***„So darfst Du Dich nicht fühlen"***, ***„Bleib positiv"*** keine Erleichterung bringt, sondern uns zusätzlich belastet, nicht selten sind Scham- oder Schuldgefühle die Folge. Denn es wird uns signalisiert, dass unsere Gefühle – die nun mal nicht immer ***„Friede, Freude, Eierkuchen"*** sind - nicht in Ordnung sind und wir diese im eigenen Interesse ausmerzen müssen.

Vielmehr wäre es in solchen Situationen wichtig, dass uns einfach wertfrei zugehört wird, dass das Gegenüber Verständnis und Empathie für unsere Situation aufbringt und es sich in unsere Gefühle und in unsere Situation hineinversetzen kann.

Natürlich ist im Allgemeinen eine positive Lebenseinstellung gutzuheißen, was aber nicht bedeutet, dass wir jeden Tag – egal wie widrig die Umstände auch sein mögen – gleichsam einem Roboter vor Freude sprühen. Zum Menschsein in seiner Ganzheit gehört auch, dass er bisweilen wütend, traurig, enttäusch ist – dies ist integraler Bestandteil jeder Persönlichkeit, dass er in der Lage ist, die gesamte Palette aller Gefühle zu durchleben.

So müssen wir wieder lernen, alle Gefühle zu fühlen und zu erleben, allen Gefühlen Raum geben, da diese alle ihre Berechtigung haben.

Schließlich haben wir gelernt, dass das Ablehnen oder die Unterdrückung vermeintlich unangenehmer Gefühle diese nicht verschwinden lässt – im Gegenteil, sie brechen zu einem späteren Zeitpunkt mit umso größerer Macht hervor.

Insofern sollen wir uns also vergegenwärtigen, dass zum Menschsein nicht nur Freude und Glück gehören, sondern auch Wut, Trauer und Angst. Wenn es uns dann noch gelingt, die Energie der Wut für unsere Ziele und Vorhaben zu nutzen, haben wir alles richtig gemacht.

Literatur (Auswahl)

- Diepold Peter Prof. Dr.: Diese Wut hört niemals auf. 1997.
- Hammer Matthias: Wie innere Heilung geschieht. 2018.
- Cannistraro, PA, und Rauch, SL (2003). Neuronale Schaltkreise der Angst: Beweise aus strukturellen und funktionellen Neuroimaging-Studien. Psychopharmako Bull, 37, 8-25

- Cannistraro, PA, und Rauch, SL (2003). Neuronale Schaltkreise der Angst: Beweise aus strukturellen und funktionellen Neuroimaging-Studien. Psychopharmako Bull, 37, 8-25

- Rajmohan, V., und Mohandas, E. (2007). Das limbische System. Indische Zeitschrift für Psychiatrie 49 (2): 132-139
- Maclean PD. Das dreieinige Gehirn in der Evolution: Rolle bei paläozerebralen Funktionen. New York: Plenumspresse; 1990
- Roxo, M.; Franceschini, PR; Zubaran, C.; Kleber, F.; und Sander, J. (2011). Die Konzeption des limbischen Systems und ihre historische Entwicklung. TheScientific WorldJOURNAL, 11, 2427–2440
- Morgane, PJ, und Mokler, DJ (2006). Das limbische System: Kontinuierliche Auflösung. Neuroscience and Biobehavioral Reviews, 30: 119–125
- Damasio, A., et al.: Subcortical and cortical brain activity during the feeling of self-generated emotions. Nature Neuroscience. 2000; 3(10):1049 – 1056.
- Grolle, J., et al.: Auch Schnecken haben Gefühle. Interview mit Antonio Damasio. Der Spiegel Nr. 49 vom 1. Dezember 2003

- Gundolf Keil: Wut, Zorn, Haß. Ein semantischer Essai zu drei Ausprägungen psychischer Affektstörung. In: Medizinhistorische Mitteilungen. Zeitschrift für Wissenschaftsgeschichte und Fachprosaforschung. Band 36/37, 2017/2018 (2021), S. 183–192.
- Johannes F. Lehmann, Im Abgrund der Wut. Zur Kultur- und Literaturgeschichte des Zorns, Freiburg i. Br. 2012.
- Rainer Schandry: Biologische Psychologie, Verlag Beltz PVU, Weinheim, Berlin, Basel, 2003.
- Seneca: De ira / Über die Wut. (lateinisch, deutsch)
- Parens, H. (1993): Neuformulierungen der psychoanalytischen Aggressionstheorie und Folgerungen für die klinische Situation. In: Forum der Psychoanalyse, Bd. 9, 107-
- Terr, L. (1995): Schreckliches Vergessen, heilsames Erinnern. Traumatische Erfahrungen drängen ans Licht. München (Kindler)

Webseiten

Für die Inhalte der verlinkten Seiten ist stets der jeweilige Anbieter oder Betreiber der Seiten verantwortlich. Die verlinkten Seiten wurden zum Zeitpunkt der Verlinkung auf mögliche Rechtsverstöße überprüft. Rechtswidrige Inhalte waren zum Zeitpunkt der Verlinkung nicht erkennbar.
Eine permanente inhaltliche Kontrolle der verlinkten Seiten ist jedoch ohne konkrete Anhaltspunkte einer Rechtsverletzung nicht zumutbar. Bei Bekanntwerden von Rechtsverletzungen werden wir derartige Links umgehend entfernen.

https://www.oberbergkliniken.de/artikel/die-macht-von-unterdrueckten-gefuehlen-wie-sich-innere-wut-auf-die-psychische-gesundheit-auswirken-kann

https://www.geo.de/magazine/geo-kompakt/15270-rtkl-psychologie-heilsamer-zorn-ueber-die-wut-und-ihre-positiven Wirkungen

https://www.mdr.de/wissen/news/wut-hilft-ziele-zu-erreichen-100.html

https://www.spektrum.de/lexikon/psychologie/wut/17022

Zur Autorin

Dr. Angela Raab geb. Fetzner, geboren in Bad Kissingen, ebenda auch aufgewachsen.

Studium der Pharmazie in Würzburg, anschließend Approbation zur Apothekerin. Aufbaustudium der Pharmaziegeschichte in Marburg, Abschluss als Pharmaziehistorikerin.

Dort auch Promotion zum Dr. rer. nat.

Seit 1996 bis dato Arbeit in öffentlichen Apotheken und Krankenhausapotheken in ganz Deutschland sowie der Schweiz. Daneben Seminartätigkeit im In- und Ausland.

Von 2012-2024 Veröffentlichung von mehr als 50 Ratgebern und Fachbüchern v. a. zu verschiedenen Gesundheitsthemen, die Hunderttausende von Lesern begeistern.

Ein herzliches Dankeschön

- an dieser Stelle an alle werten Leserinnen und Leser. Lob, Kritik oder Anregungen können Sie mir gerne auf meiner Facebook-Seite
https://www.facebook.com/AngelaFetzner
oder auf meiner Autorenhomepage mitteilen:
https://www.angela-fetzner.de

Bücher von Dr. Angela Fetzner

Auf meiner Homepage finden Sie nicht nur alle meine Bücher, Hörbücher und E-Books. Darüber hinaus möchte ich meinen Leserinnen und Lesern auch einen besonderen Service bieten. So stelle ich auf meiner Homepage regelmäßig Onlinelesungen von mir ein, weiter schreibe ich Blogartikel zu verschiedenen Themen sowie Rezensionen zu diversen Büchern.
Hier können Sie sich auch für meinen Newsletter anmelden, um regelmäßig Informationen über neue Bücher, Preisaktionen, Verlosungen und Gesundheitstipps zu erhalten.
Außerdem finden Sie meine E-Books in allen führenden Online Shops und die Druckbücher im Versand- und Standardbuchhandel.
Sie finden mich auch in den sozialen Netzwerken:
Facebook, Twitter, Instagram und Youtube.

https://angela-fetzner.de/___/

Leseprobe: Meditations- und Achtsamkeitsübungen

Verabschieden und Loslassen

Auflösen, was keinen Platz mehr in unserem Leben hat. Geschehnisse annehmen und integrieren. Themen wohlwollend akzeptieren, bei denen (im Moment) kein Loslassen möglich ist. Vergeben und sich selbst frei machen - von Vorstellungen, Mustern und Erwartungen.

Nun darf alles, was uns geschadet hat und nicht gut war, losgelassen werden. Durch Meditationen und Achtsamkeitsübungen schaffen Sie Platz für Neues und können aus alten Strukturen ausbrechen. Jetzt ist die Zeit, sich von überholten Gewohnheiten und Verhaltensweisen sowie von toxischen Menschen zu lösen.

Licht und Leben, ein Neubeginn

Neue Ziele anstreben, Liebe und Hoffnung säen, sich öffnen für alle Veränderungen, die kommen dürfen. Wir dürfen Altes verabschieden und Neues einladen, im Vertrauen darauf, dass gut für uns gesorgt wird und wir uns auf unsere innere Stimme verlassen können. Mithilfe von Meditationen und Achtsamkeitsübungen können wir uns die Kraft der Veränderung zu eigen machen und einen Neubeginn wagen sowie Wünsche und Ziele abstecken und Herausforderungen annehmen.

In diesem Buch lernen Sie, wie Sie mit praktischen Meditations- und Achtsamkeitsübungen Altes loslassen und einen Prozess des Neubeginns in Gang setzen können. Weiter finden Sie Achtsamkeitsübungen und Meditationen, um das Herz zu öffnen, sich von Ängsten zu befreien sowie, um Übergänge zu erleichtern. Auch zielt die Bewusstseinsarbeit darauf ab, die Motivation zu stärken, damit Sie Ihre Projekte und Wünsche verwirklichen können.

Für all Ihre Vorhaben wünsche ich Ihnen allerbestes Gelingen
Ihre Apothekerin Dr. Angela Fetzner

Die Bedeutung von Einkehr und Stille

Voller Tatendrang stürmen wir in die Welt, bereit, uns für unsere Pläne und Ziele mit aller Kraft einzusetzen. Wir verströmen uns in die Welt. Unsere Kontakte und Aufgaben, die Organisation unseres Alltags, all die großen und kleinen Probleme und Projekte, Sorgen und Freuden beschäftigen uns so sehr, dass uns kaum Zeit für den Blick nach innen bleibt - und dieser Zustand hält fast das ganze Jahr über an. Unser Alltag bleibt infolgedessen hektisch und anstrengend. Wir sind eine Burnout-Kultur geworden. Es gibt kaum einen Beruf, in dem die Leistungsanforderungen in den letzten zehn Jahren nicht stetig gewachsen sind. Fernsehen und Internet tun ein Übriges, um unsere Nerven in einem Zustand dauerhafter Reizüberflutung zu halten. Das Gedankenkarussell kreist und kreist, selbst wenn wir schon mit geschlossenen Augen im Bett liegen. Kein Wunder, wenn wir uns am Ende des Tages fühlen, als hätten wir einen Achttausender bestiegen.

Wirklich zur Ruhe zu kommen, fällt vielen Menschen erstaunlich schwer. Und nicht wenige verspüren ein ausgesprochenes Unbehagen, wenn sie nicht irgendetwas tun, nicht beschäftigt sind.

Viele von uns haben komplett verlernt, wie man Körper und Seele herunterfährt und in das stille Meer der Ruhe eintaucht, das uns Regeneration und Gesundheit verschafft.

„Der Teufel hat Arbeit für müßige Hände“ - das ist ein Leitsatz, der vielen Generationen in Fleisch und Blut übergegangen ist. Und noch immer gilt derjenige als faul, der sich die Zeit nimmt, einfach einmal gar nichts zu tun. Dabei haben Medizin und Psychologie uns schon längst aufgezeigt, wie überlebenswichtig Ruhe- und Erholungszeiten sind. Unbestritten ist: Wer nicht lernt, still, unproduktiv und passiv zu sein, hat kaum eine Chance, die eigenen inneren Schätze zu heben - denn das überlaute Selbstgespräch unserer Gedanken übertönt alle heilkräftigen Botschaften und Impulse, die aus unserem eigenen Inneren kommen. Mithilfe von Meditationen und Achtsamkeitsübungen können wir still werden und in uns hineinspüren, um herauszufinden, wer wir wirklich sind, was wir tatsächlich wollen und was wir uns für die Zukunft wünschen. Wenn es uns gelingt, unsere Gedanken zur Ruhe zu bringen, können wir wieder die feine innere Stimme in uns vernehmen, die uns Führung anbietet. Unsere innere Stimme kann uns nicht nur zeigen, wie wir uns verhalten und wonach wir wirklich streben wollen, sondern auch, wie bestimmte Themen sich weiter entwickeln könnten und zu welchem Ergebnis sie führen können - vorausgesetzt, wir sind ganz still und lernen, nach innen zu lauschen.

© depositphotos - Amvorsuf - Bild 1 - Einkehr und Stille

Meditations- und Achtsamkeitsübungen

Wer noch nie meditiert oder sich in Achtsamkeitsübungen versucht hat, denkt meist, es handle sich um sehr komplexe Praktiken, welche höchster Konzentration und langjähriger Erfahrung bedürfen. Dem ist nicht so. Sie müssen kein tibetanisches Mönchsgewand tragen, nicht unbedingt im Schneidersitz stundenlang ein OM-Mantra singen und auch keine Enzyklopädie über die Geschichte der Meditation lesen, um schon nach sehr kurzer Zeit erste Veränderungen in Ihrer Wahrnehmung und Ihrem Bewusstsein zu registrieren.

Je öfter Sie üben, desto beständiger werden Sie Ihr Bewusstsein öffnen und umso tiefer in Ihre eigene Natur und Ihre individuellen Bedürfnisse eintauchen.

Hilfreiche Tipps für ein reibungsloses, entspanntes Ausführen der Meditations- und Achtsamkeitsübungen

- Suchen Sie sich ein stilles Plätzchen im Freien oder zu Hause, wo Sie ungestört meditieren können. Schalten Sie Ihr Handy aus und legen es außer Reichweite.
- Setzen Sie sich keine zwingenden Ziele beim Meditieren. Bleiben Sie offen für alle Erfahrungen.
- Versuchen Sie niemals, störende Gedanken während der Übungen zu vertreiben. Nehmen Sie diese einfach wahr und visualisieren Sie solche Gedanken als Wolken, welche an Ihrem Horizont vorüberziehen.

Anfänger beginnen am besten mit Achtsamkeitsübungen. Versuchen Sie, die Übungen Schritt für Schritt in Ihren Alltag zu integrieren - von Tag zu Tag sollten Sie sich mehr Zeit für die Übungen einräumen. Es ist zudem wirkungsvoller, sich täglich fünf Minuten Zeit für die Übungen zu nehmen als einmal im Monat zwei Stunden.

Was ist der Unterschied zwischen einer Meditation und einer Achtsamkeitsübung?

Die wichtigsten Unterschiede sind nachfolgend dargestellt:

- Meditationen und Achtsamkeitsübungen haben viele Gemeinsamkeiten.
- Meditationen dauern länger als Achtsamkeitsübungen und beginnen mit einer Induktion.
- Meditationen sollte man idealerweise allein oder in einer Meditationsgruppe vornehmen.
- Meditationen führen in einen tieferen Bewusstseinszustand.
- Achtsamkeitsübungen sind perfekt für den Alltag und können fast überall und zu jedem Zeitpunkt ausgeführt werden.
- Achtsamkeitsübungen kann man mit geschlossenen oder mit offenen Augen machen.

Meditationen und Achtsamkeitsübungen überschneiden sich in vielerlei Hinsicht. Beide Praktiken führen zu einem Zustand der Entspannung und des Loslassens, in welchem sowohl die objektive Wahrnehmung der Außen- als auch der Innenwelt gefördert wird. Durch die Konzentration auf das Hier und Jetzt werden limitierende Gedankengänge und Emotionen unterbunden bzw. offengelegt. Hierdurch kommt es wiederum zu einer Befreiung des Bewusstseins, was neue Perspektiven und Einsichten ermöglicht.

Es gibt jedoch einige wesentliche Unterschiede im Ablauf und in den jeweiligen Durchführungsmöglichkeiten: Um zu meditieren, sollten Sie entweder allein sein oder von anderen meditierenden Mitmenschen umgeben. Sie können im Stehen, im Sitzen oder im Liegen meditieren. Wichtig ist, dass Sie eine lockere Haltung einnehmen, bei der sich keine Spannungen aufbauen. Um sich besser konzentrieren zu können, sollten Sie beim Meditieren immer die Augen schließen.

Jede Meditation beginnt mit einer sogenannten Induktion. Diese erlaubt Ihnen, sich zunächst zu entspannen und sich in einen Bewusstseinszustand zu versetzen, welcher das eigentliche Meditieren erst ermöglicht. Eine Induktion wird häufig über die Konzentration auf die Atmung oder den eigenen Körper eingeführt, kann aber auch durch (andere) Visualisierungen und Entspannungstechniken hervorgerufen werden.

Jede Meditation verfolgt eine bestimmte Absicht, sozusagen ein spezifisches Thema, welches mit der Meditation ***„bearbeitet"*** wird, ohne dabei jedoch einen bereits vordefinierten Ausgang oder eine Erkenntnis zu erwarten. Bilder, Emotionen und Sinneswahrnehmungen können auf diese Weise so angenommen werden, wie sie sich Ihnen während der Meditation präsentieren - ohne blockierende Ablehnungshaltung und ohne jegliches Werturteil. Bei regelmäßigem Meditieren über bestimmte Themen oder Problematiken öffnen sich Ihnen neue Perspektiven und Lösungsansätze, welche bereits unbewusst in Ihnen schlummern und nun dank Ihrer meditativen Akzeptanz und innerlichen Ruhe an die Oberfläche dringen und für Sie sichtbar werden.

Achtsamkeitsübungen können Sie immer und überall machen, außer natürlich beim Autofahren, beim Bedienen von bestimmten Maschinen oder bei anderen Tätigkeiten, welche Ihre volle Aufmerksamkeit erfordern.

Wie der Name der Übungen bereits vermuten lässt, wird die Achtsamkeit auf Vorgänge fokussiert, die im normalen Alltag fast automatisch und unbewusst vonstattengehen, ohne dass wir sie überhaupt noch wahrnehmen.

© depositphotos - microgen - Bild 2 - Achtsamkeit

Sich bewusst ein Glas Wasser einschenken, das Glas zum Mund führen, den kühlen Schluck im Hals spüren, anderen Menschen bewusst zuhören, sich auf den Ton ihrer Stimme und auf ihre Gesichtsmimik konzentrieren, mit geschlossenen Augen den Duft des Frühstückskaffees und die glatte Oberfläche der Kaffeetasse wahrnehmen - All solche bewussten Achtsamkeitsübungen bringen Sie in den gegenwärtigen Augenblick und in Ihre erspürte, instinktive Welt zurück, die für Sie als Kind noch Normalität war. Durch entsprechende Übungen befreien Sie sich aus intellektualisierten, festgefahrenen Auffassungen, störenden Gedanken und Programmierungen, mit welchen wir uns oft selbst sabotieren.

Achtsamkeitsübung und Meditation zur Befreiung von Sorgen und Ängsten

Übungsort: Ihre Wohnung

Nichts ist blockierender als Angst. Angst vor Versagen, Angst, sich lächerlich zu machen, Angst, nicht perfekt zu sein, Angst vor der Zukunft, Angst, dass uns oder anderen etwas passieren könnte, Angst vor der Angst. Wir versuchen unbewusst, diese vermeintlich ***„schlimmen"*** Ausgänge dadurch zu vermeiden, dass wir bestimmten Dingen ausweichen oder Pläne wieder verwerfen. Auch hinter Sorgen stecken immer spezifische Ängste. Vorsicht ist jedoch nicht das Gleiche wie Angst.

Wenn Sie im kanadischen Wald plötzlich einem Bären begegnen, wird Sie die Vorsicht dazu bringen, sich langsam und ruhig zurückzuziehen und nach einem Baum mit tiefen Ästen Ausschau zu halten, auf dem Sie sich in Sicherheit bringen können. Reine Angst würde Sie jedoch in Schweiß ausbrechen lassen und vom Bären verfolgt schreiend davonlaufen lassen. Mit den alltäglichen Herausforderungen des Lebens ist das nicht anders. Entscheidungen, die wir aus Angst treffen, sind meist die falschen.

Deshalb ist es wichtig, dass Sie sich regelmäßig von Ihren Ängsten befreien.

Folgende Übungen sind dazu geeignet.

Achtsamkeitsübung *Mülltonne - Ängste lösen und wegwerfen*

Stellen Sie sich in einen großen Raum mit viel Platz, in dem Sie auch mit ausgestreckten Armen nichts umwerfen können. Achten Sie auch darauf, dass die Decke über Ihnen frei ist und nichts über Ihnen hängt - wie bspw. Lampen, Deko oder Ähnliches.

Sie können die folgende Übung sowohl mit offenen als auch mit geschlossenen Augen machen. Manche Menschen können mit offenen Augen das Gleichgewicht besser halten und fühlen sich sicherer.

Lenken Sie nun Ihre Aufmerksamkeit auf eine ganz bestimmte Angst, die Ihnen das Leben erschwert. Oft manifestieren sich solche Angstblockaden im Brustbereich, sie können aber auch an anderen Stellen im Körper unangenehme Empfindungen verursachen. Visualisieren Sie nun eine Mülltonne, etwa einen Meter vor Ihnen entfernt. Wenn Sie Probleme mit dem Visualisieren haben sollten, können Sie auch einen echten Papierkorb aufstellen. Atmen Sie nun tief durch die Nase ein, halten Sie die Luft an, ballen Sie Ihre rechte Hand zur Faust und werfen Sie Ihren gespannten, ausgestreckten rechten Arm nach oben, nach hinten und wieder nach vorne, in mehreren durchgehenden Kreisbewegungen. Stellen Sie sich vor, dass Sie mit diesen kreisenden Armbewegungen die Angst aus ihrer Verankerung im Körper lösen. Sobald die Luft knapp wird, atmen Sie kräftig durch den Mund aus und öffnen die Faust, um die Angst nach vorne in die Mülltonne zu werfen. Wiederholen Sie den Vorgang noch einmal mit dem linken Arm und dann mit beiden Armen gleichzeitig. Bleiben Sie danach noch ein paar Momente still stehen, um Ihre Atmung zu beruhigen und sich der Abwesenheit Ihrer Angst bewusst zu werden.

Meditation *Hürdenlauf - Ängste überwinden*

Legen Sie sich auf einen weichen Teppich, auf die Couch oder setzen Sie sich in einen bequemen Sessel, in dem Sie sich zurücklehnen und gut entspannen können. Atmen Sie ein paarmal tief ein und aus. Stellen Sie sich nun vor, Sie liegen in Badekleidung an einem warmen Strand südlich des Äquators. Ihre Füße befinden sich in der sanften, lauwarmen Brandung. Spüren Sie, wie die Wellen von den Füßen über die Waden bis zu den Oberschenkeln gleiten und Ihre Muskeln dabei entspannen.

Fühlen Sie das Wasser von Welle zu Welle immer höher steigen. Nach und nach verwandelt sich das Meerwasser in eine wärmende Energiewelle, die Ihren gesamten Körper durchläuft, von den Zehenspitzen bis zur Kopfhaut und wieder zurück. Synchronisieren Sie diese Entspannungswellen mit Ihrer Atmung. Beim Einatmen läuft die Energie von den Zehen bis zur Schädeldecke, beim Ausatmen wieder zu den Füßen zurück. Wiederholen Sie diesen Wellengang so lange, bis Sie sich völlig relaxed und gelöst fühlen und keinerlei Spannung in Ihrem Körper zurückbleibt.

Denken Sie nun an ein Ziel, das Sie sich gesetzt haben. Visualisieren Sie dieses Anliegen in der Ferne, am anderen Ende des Strandes bzw. am Ende eines langen heimischen Waldwegs oder einer Wiese.

Die Jahreszeit und der Ort spielen hierbei keine Rolle. Wichtig ist, dass Sie eine gewisse Distanz wahrnehmen und Ihrem Ziel ein Bild geben. Dabei kann es sich um einen einfachen Punkt oder um komplexere Visualisierungen handeln. Setzen Sie sich nicht unter Druck, wenn keine konkreten Bilder vor Ihrem inneren Auge entstehen. Nehmen Sie nun die Hürden wahr, welche Sie von Ihrem Ziel trennen. Wie viele Hürden sichtbar werden, hängt von Ihren Ängsten ab.

Vielleicht manifestiert sich nur eine riesige Hürde oder aber viele kleine oder mittelgroße Hürden. Versuchen Sie, den verschiedenen Hürden einen Namen zu geben. Um welche Angst handelt es sich genau? Wie groß ist sie? Bleiben Sie auf Distanz, beobachten Sie Ihre Ängste entspannt aus der Ferne. Atmen Sie ruhig und gleichmäßig durch die Nase. Betrachten Sie die Hürden jetzt etwas genauer. Sehen Sie, dass es sich nicht um fest installierte, physisch existierende Hürden handelt?

Die Angsthürden sind in Wahrheit nur ein Hologramm, eine optische Illusion. Beim Überwinden dieser Hürden können Sie nicht daran hängen bleiben oder gar daran abprallen. Selbst wenn Sie nicht hoch genug springen sollten, werden Sie einfach durch das Hürdenhologramm hindurchspringen.

Fühlen Sie Ihre Erleichterung über diese befreiende Tatsache. Spüren Sie, dass Sie nun nichts mehr von Ihrem Ziel abhalten kann, und laufen Sie in Richtung Ihrer Wünsche und Pläne. Nehmen Sie nach und nach alle Hürden und lassen Sie so Ihre Ängste auf dem Weg zum Ziel zurück. Sehen Sie, wie Ihr Ziel immer näher rückt. Fühlen Sie intensive Freude und Leichtigkeit bei Ihrer Ankunft. Bleiben Sie in diesem enthusiastischen Zustand, solange, wie Sie es wünschen. Lächeln Sie, wenn Ihnen danach ist.

Beenden Sie Ihre Meditation, indem Sie mit den Fingern über die Oberfläche des Teppichs, der Couch oder der Sessellehnen streichen, tief ein- und wieder ausatmen und langsam die Augenlider öffnen.

Affirmation

„Ich bin perfekt, so wie ich bin.
Du bist perfekt, so wie du bist."

Ende der Leseprobe

Verabschieden und Loslassen

Auflösen, was keinen Platz mehr in unserem Leben hat. Geschehnisse annehmen und integrieren. Themen wohlwollend akzeptieren, bei denen (im Moment) kein Loslassen möglich ist. Vergeben und sich selbst frei machen - von Vorstellungen, Mustern und Erwartungen.

Nun darf alles, was uns geschadet hat und nicht gut war, losgelassen werden. Durch Meditationen und Achtsamkeitsübungen schaffen Sie Platz für Neues und können aus alten Strukturen ausbrechen. Jetzt ist die Zeit, sich von überholten Gewohnheiten und Verhaltensweisen sowie von toxischen Menschen zu lösen.

Licht und Leben, ein Neubeginn

Neue Ziele anstreben, Liebe und Hoffnung säen, sich öffnen für alle Veränderungen, die kommen dürfen. Wir dürfen Altes verabschieden und Neues einladen, im Vertrauen darauf, dass gut für uns gesorgt wird und wir uns auf unsere innere Stimme verlassen können. Mithilfe von Meditationen und Achtsamkeitsübungen können wir uns die Kraft der Veränderung zu eigen machen und einen Neubeginn wagen sowie Wünsche und Ziele abstecken und Herausforderungen annehmen.

In diesem Buch lernen Sie, wie Sie mit praktischen Meditations- und Achtsamkeitsübungen Altes loslassen und einen Prozess des Neubeginns in Gang setzen können. Weiter finden Sie Achtsamkeitsübungen und Meditationen, um das Herz zu öffnen, sich von Ängsten zu befreien sowie, um Übergänge zu erleichtern. Auch zielt die Bewusstseinsarbeit darauf ab, die Motivation zu stärken, damit Sie Ihre Projekte und Wünsche verwirklichen können.

Dr. Angela Fetzner

Meditations- und Achtsamkeitsübungen

Zeit des Loslassens, Zeit des Neubeginns

247

Der Seelenmuskel – die exakte Bezeichnung ist großer Lendenmuskel (lat. Musculus psoas major) – liegt tief versteckt in der Hüftmuskulatur, es ist der einzige Muskel, der die Wirbelsäule mit den Beinen verbindet.

Der Seelenmuskel – Spiegelbild unserer Seele

Es gibt einen Muskel in unserem Körper, der unsere Ängste beeinflussen kann, den „Seelenmuskel". Wenn wir diesen Muskel trainieren, können wir unsere Angst besiegen und unseren Lebensmut stärken.

Körper und Seele sind untrennbar miteinander verbunden.

Dass unsere Psyche Einfluss auf unseren Körper hat, ist allgemein bekannt. Nun gibt es aber auch immer mehr Erkenntnisse, dass dieser Prozess auch umgekehrt funktioniert.

Inhalt:

- Der Seelenmuskel – Der Sitz der Angst
- Anatomie des Seelenmuskels
- Was den Seelenmuskel aus dem Gleichgewicht bringt
- Der Seelenmuskel als Spiegel unserer Seele
- Körperspannung als Schutzmechanismus
- Atmung und Emotionen
- Das Reptiliengehirn
- Wie entsteht Angst
- Loslassen lernen
- Was dem Seelenmuskel gut tut
- Zurück zu Wohlgefühl und Vitalität
- Die besten Übungen für den Seelenmuskel
- u. v. m.

Zahlreiche farbige Fotos und Abbildungen ergänzen den Text.

Dr. Angela Fetzner

Der Seelenmuskel

Die Angst auflösen und Entspannung finden

Was ist Waldbaden überhaupt?

Als Waldbaden bezeichnet man das bewusste Eintauchen in die einzigartige Atmosphäre des Waldes. Wir nehmen den Wald achtsam und mit allen Sinnen wahr – um auf diese Weise Körper, Geist und Seele zu nähren und zu stärken. Wir schwimmen gleichsam im grünen Ozean des Waldes, sinken immer tiefer in den Wald ein. Wie auf einer Welle lassen wir uns treiben und nehmen intuitiv die heilenden Kräfte des Waldes in uns auf.

Der Wald als Ort der Entschleunigung und der Heilung

Gerade in der heutigen Zeit der stetigen Reizüberflutung und eines immer schneller werdenden Tempos, wächst die Sehnsucht nach Entschleunigung und Erholung. Intensiver Fichtenduft, Moos, feuchter Waldboden – der Wald übt als besonderer Kraftort eine starke heilsame Wirkung auf unsere Psyche und unseren Körper aus. Ein Aufenthalt im Wald tut uns gut, das spüren wir intuitiv. Der Wald erdet uns, schenkt Kraft, Vitalität, Entspannung, Gelassenheit und inneren Frieden. Waldbaden stärkt ferner das Immunsystem und die Widerstandskraft des Körpers. Auch das Herz-Kreislauf-System und der Bewegungsapparat profitieren vom Waldbaden. Besonders auch in psychisch belastenden Situationen, in Zeiten von Stress sowie bei Depressionen und Angsterkrankungen helfen Waldbäder.

Alle wichtigen Themen zum Waldbaden – angefangen von den neuesten wissenschaftlichen Erkenntnissen, über praktische Übungen im Wald bis hin zu Ihrem persönlichen Wegweiser zum Waldbaden - werden in diesem verständlichen und empathischen Buch beschrieben.

Zahlreiche farbige Abbildungen ergänzen den Text

Dr. Angela Fetzner

Waldbaden

Auf der Suche nach dem verlorenen Selbst

251

Dr. Angela Fetzner

Ich könnte platzen vor

Wut

Wie wir Frieden schließen mit einem starken Gefühl

August 2024

Achiel Verlag

252